Halloween Coloring Book Belongs to

____

____

____

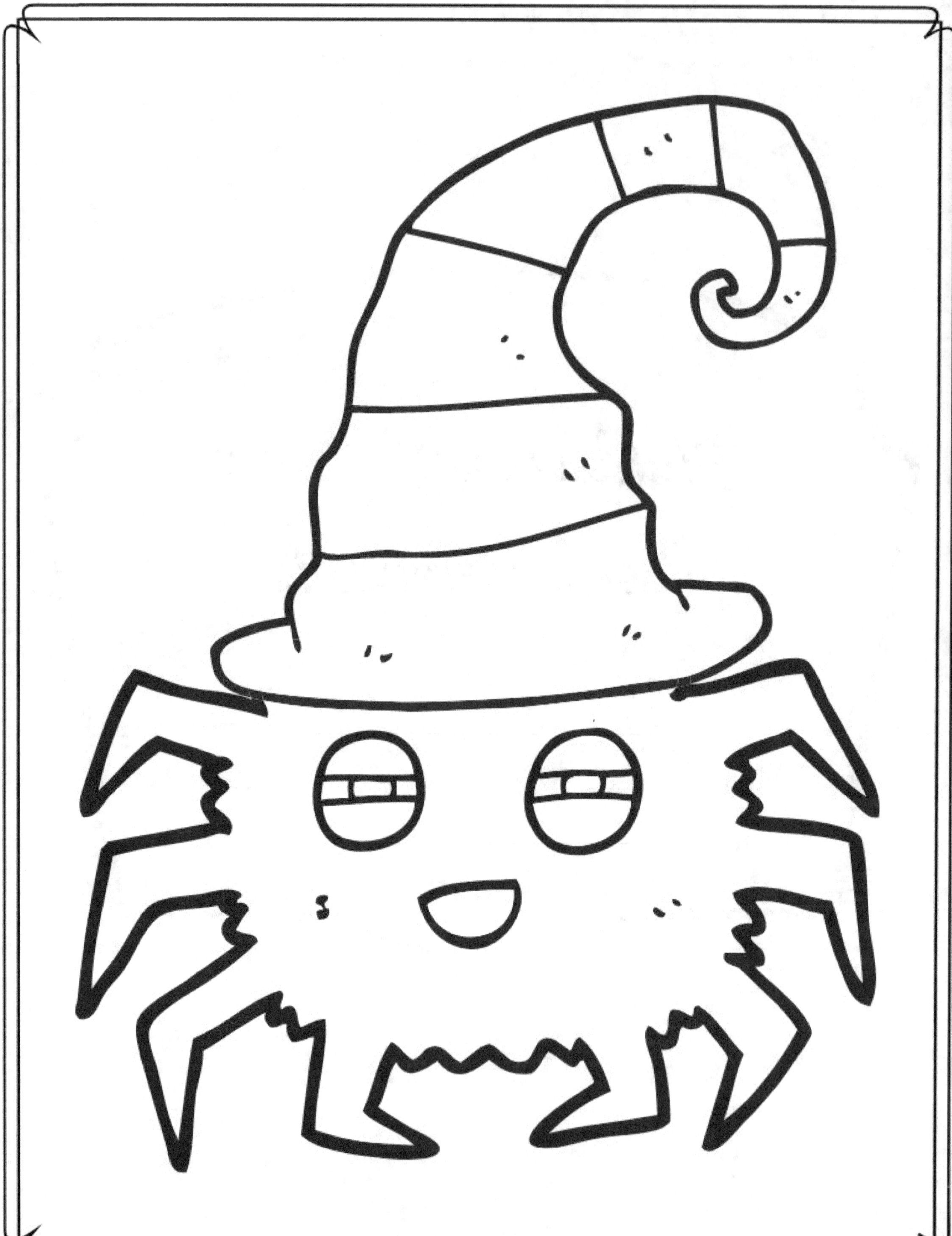

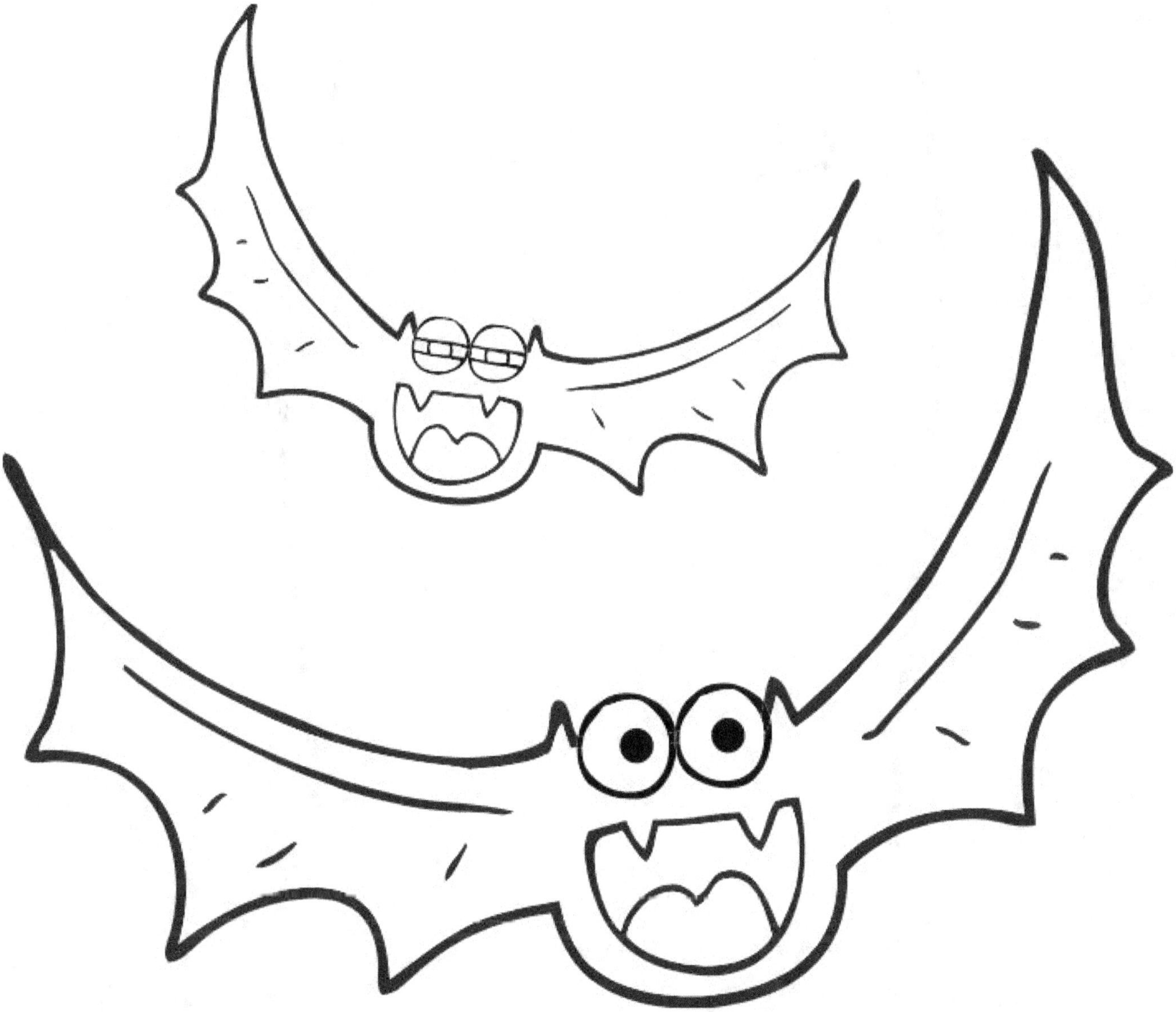

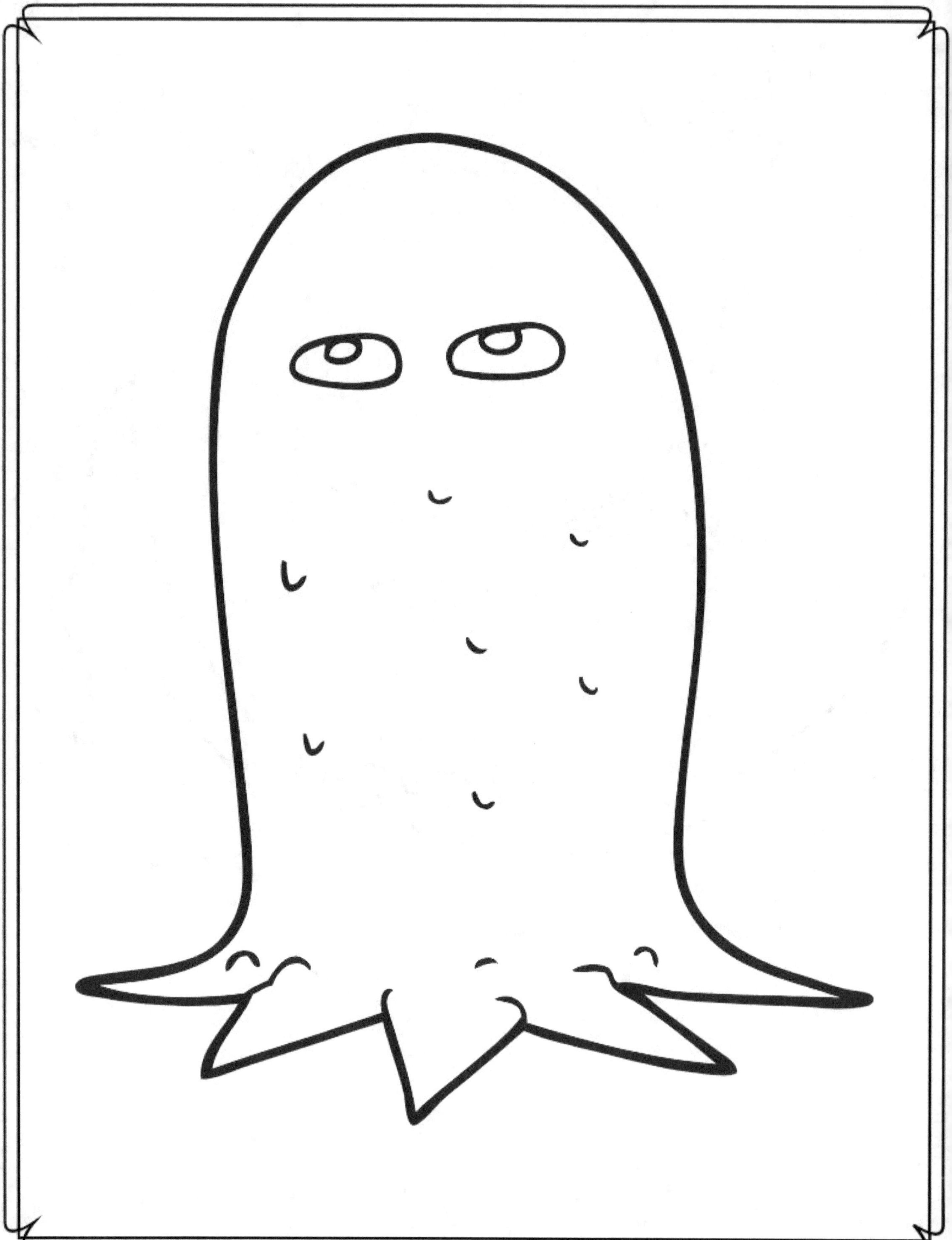

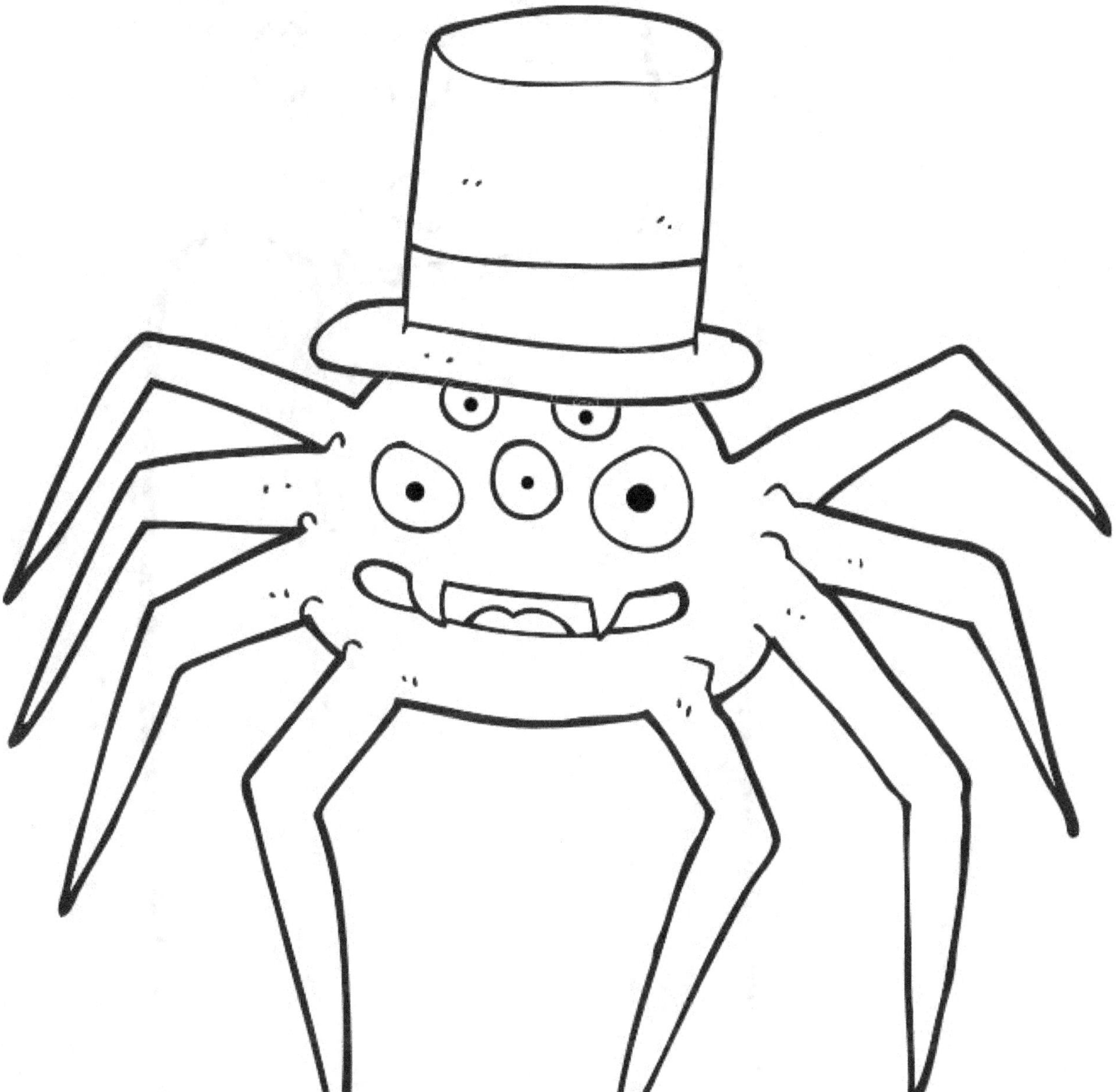

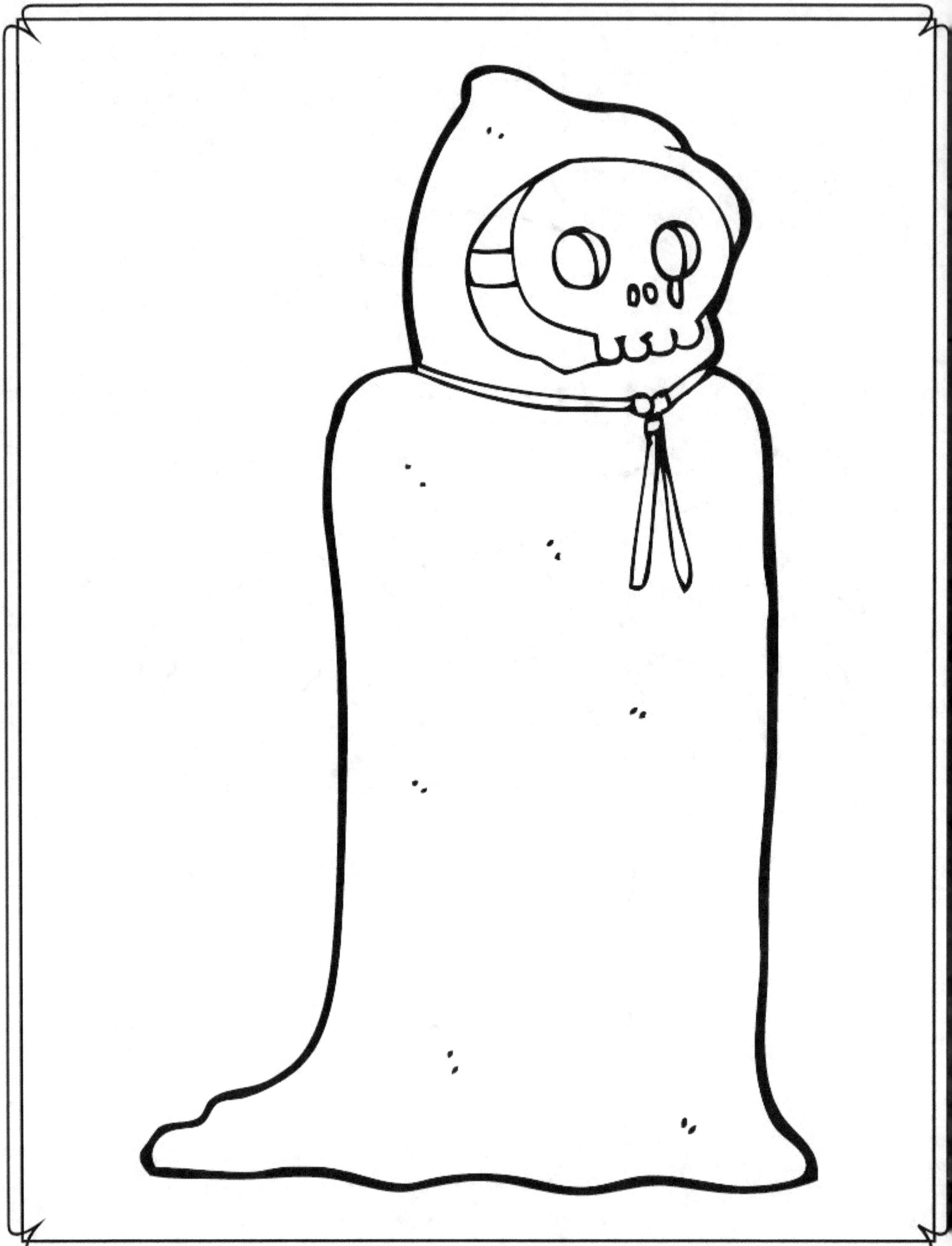

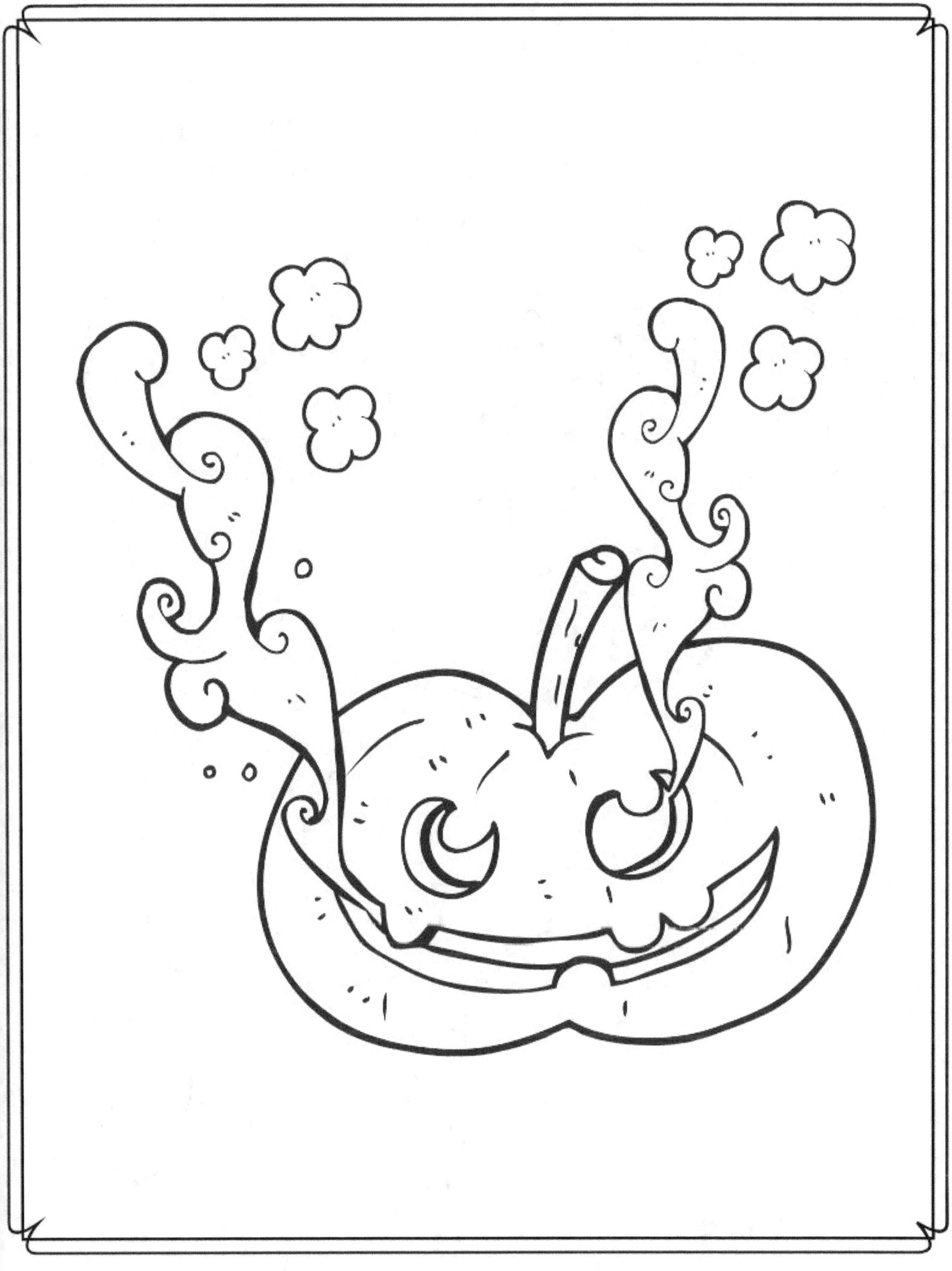

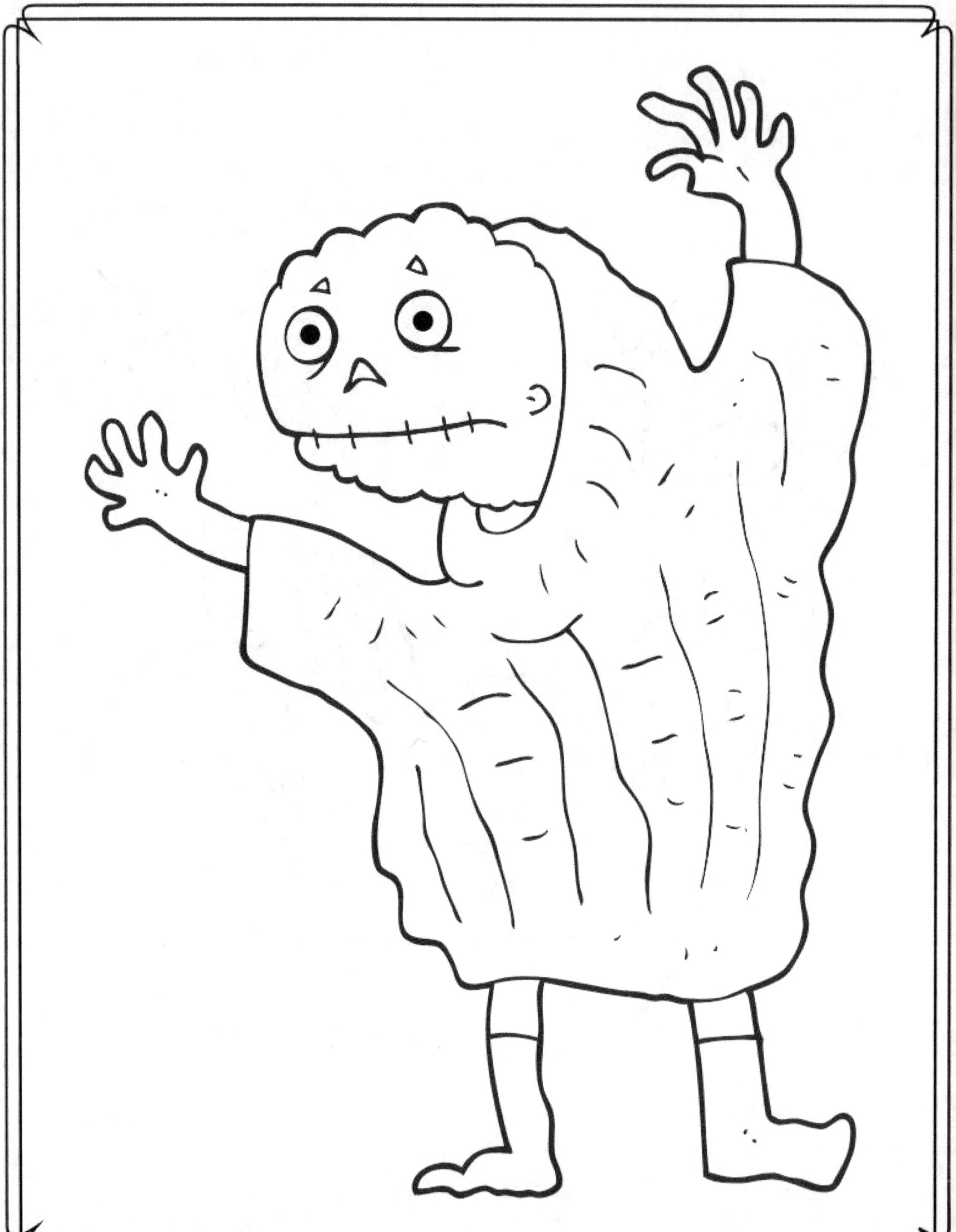

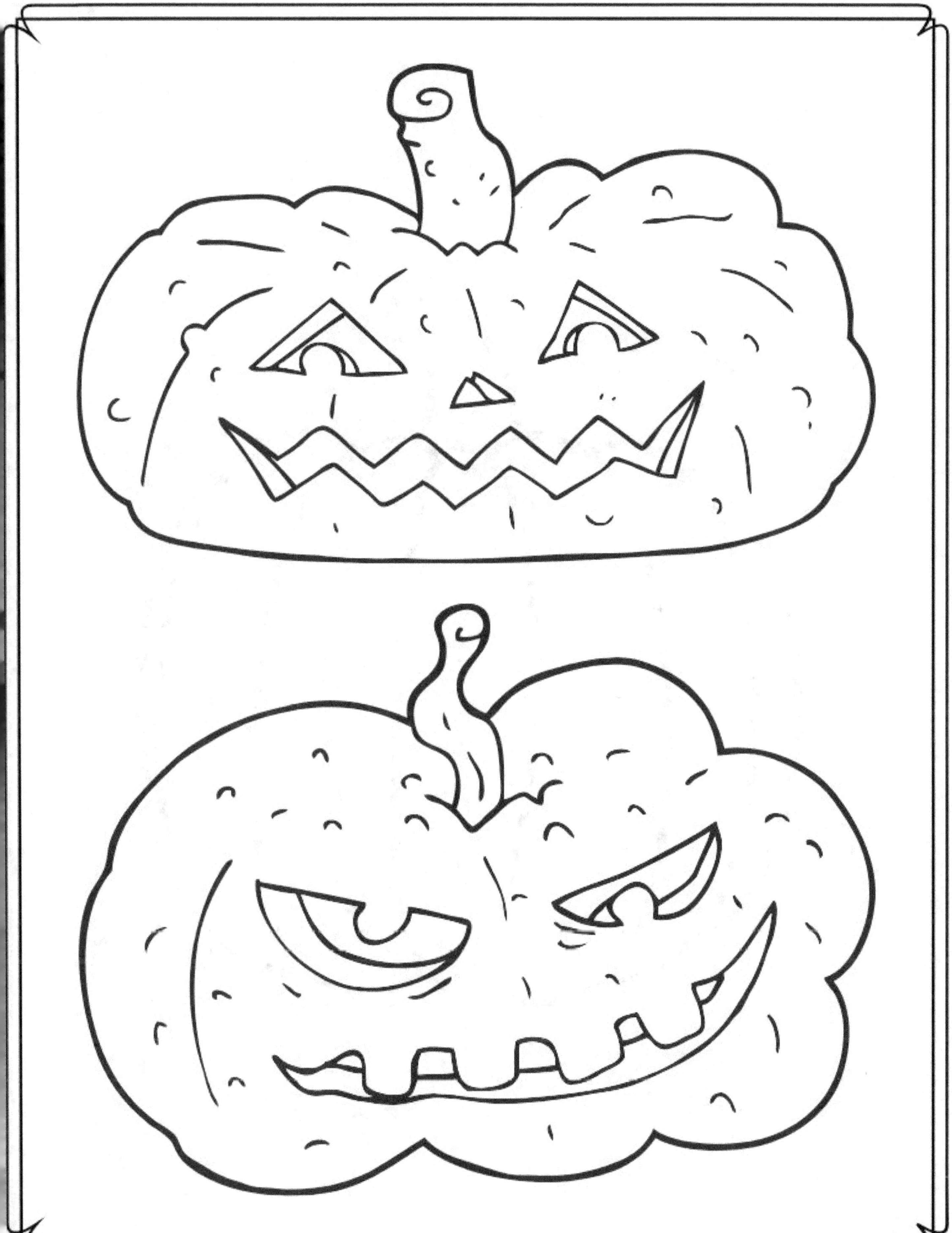

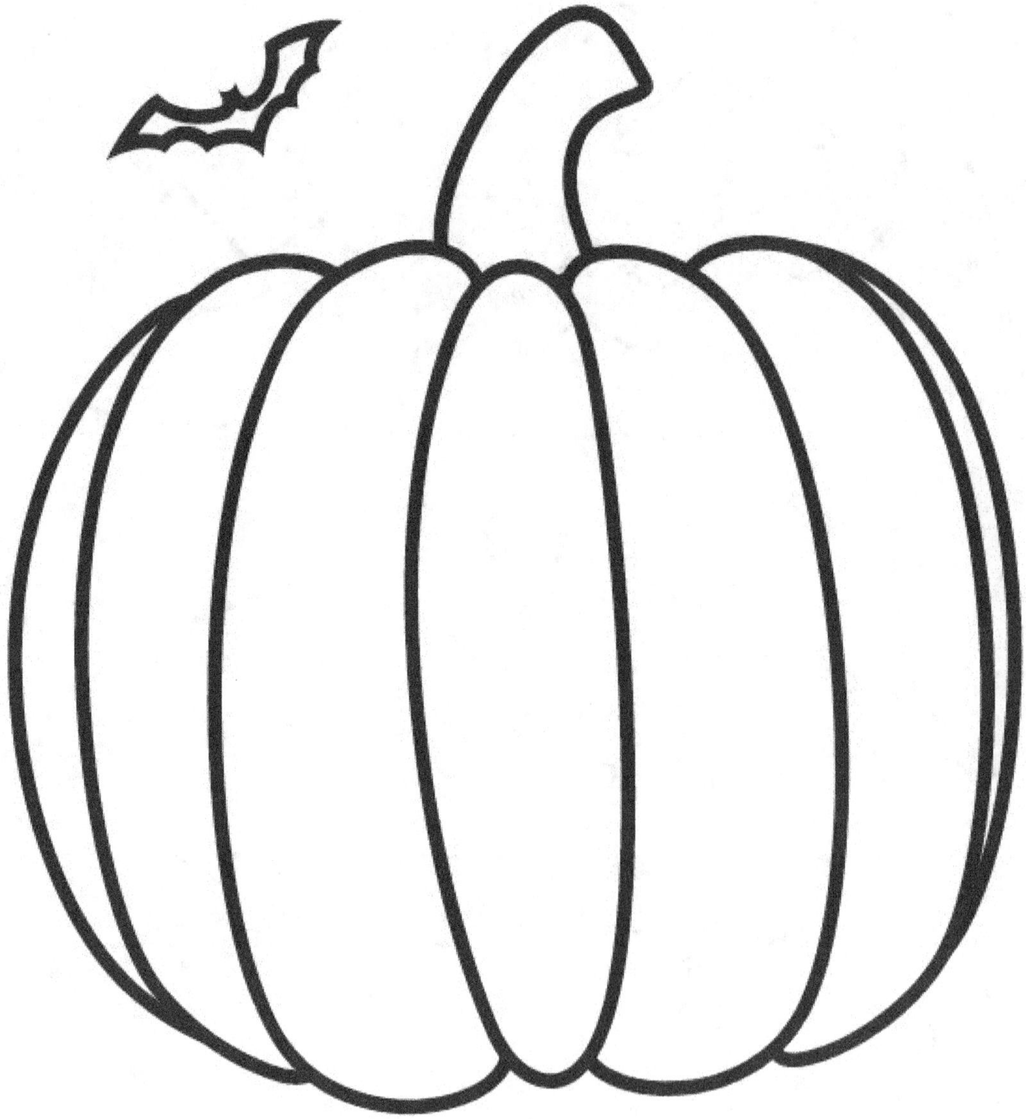

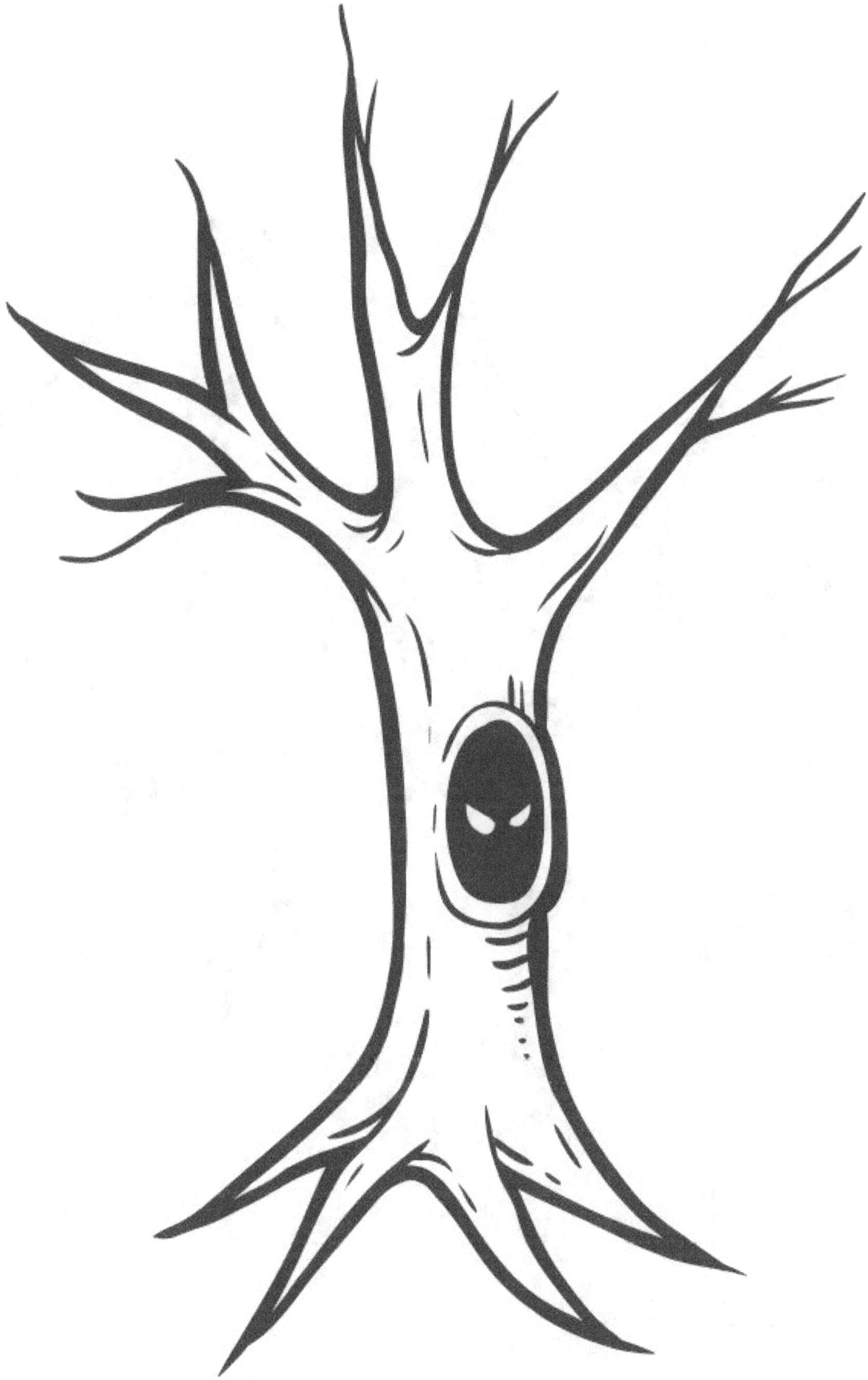

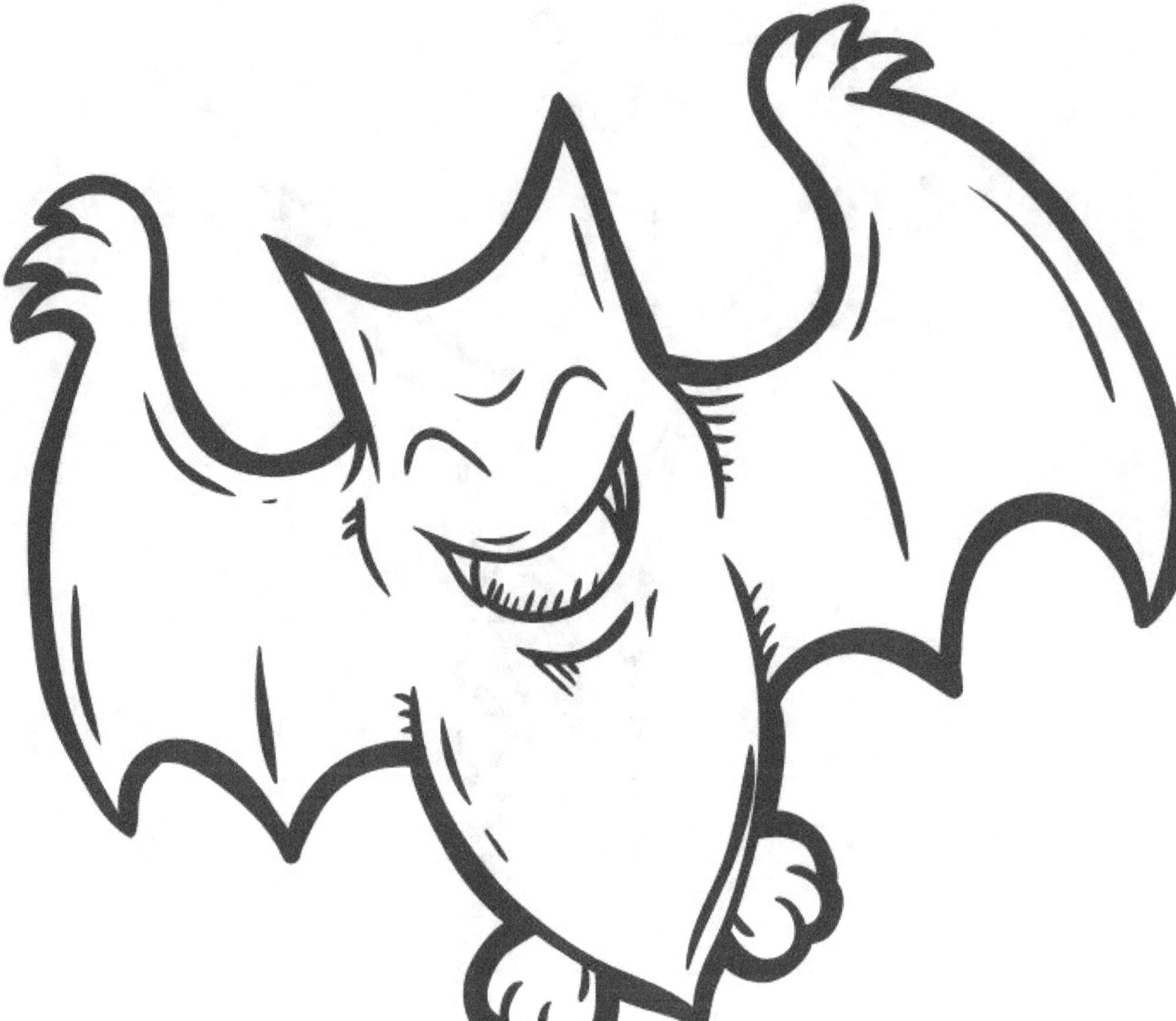

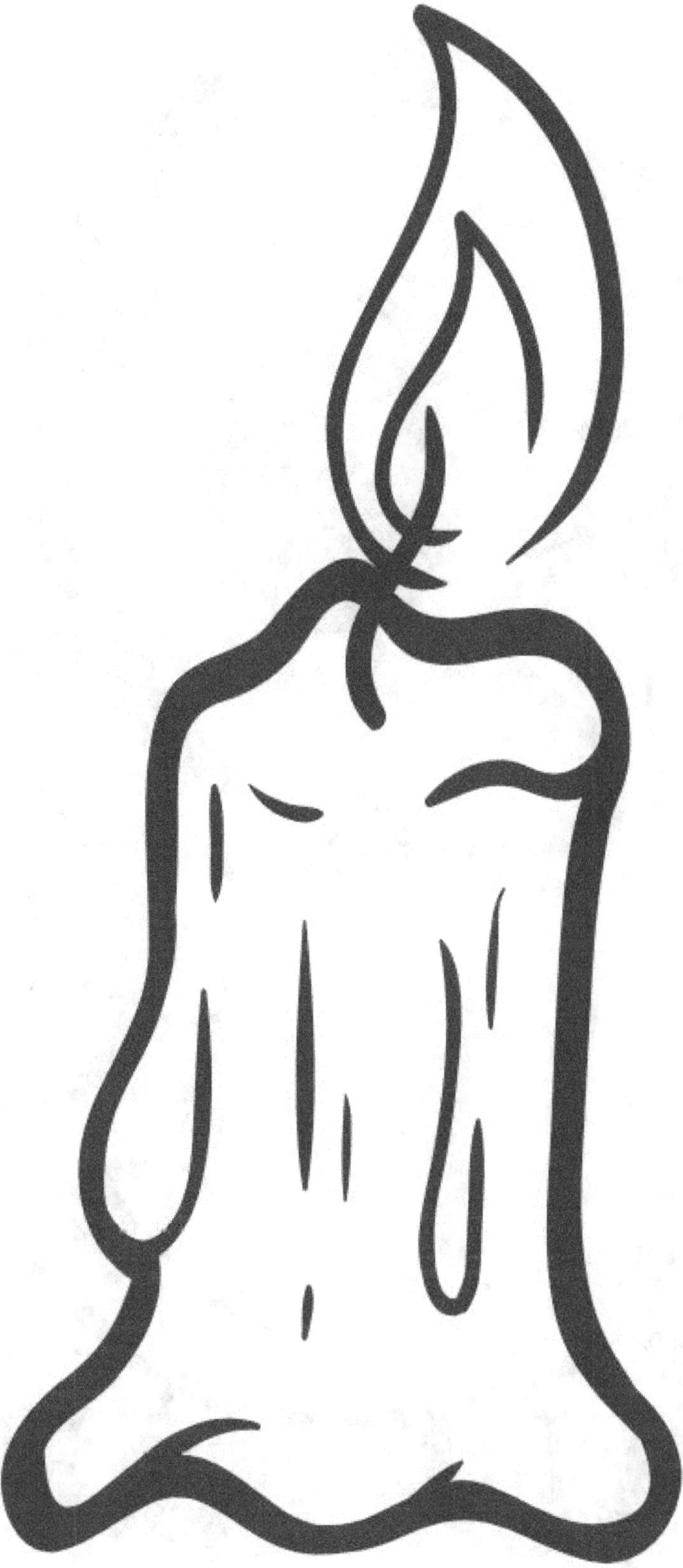

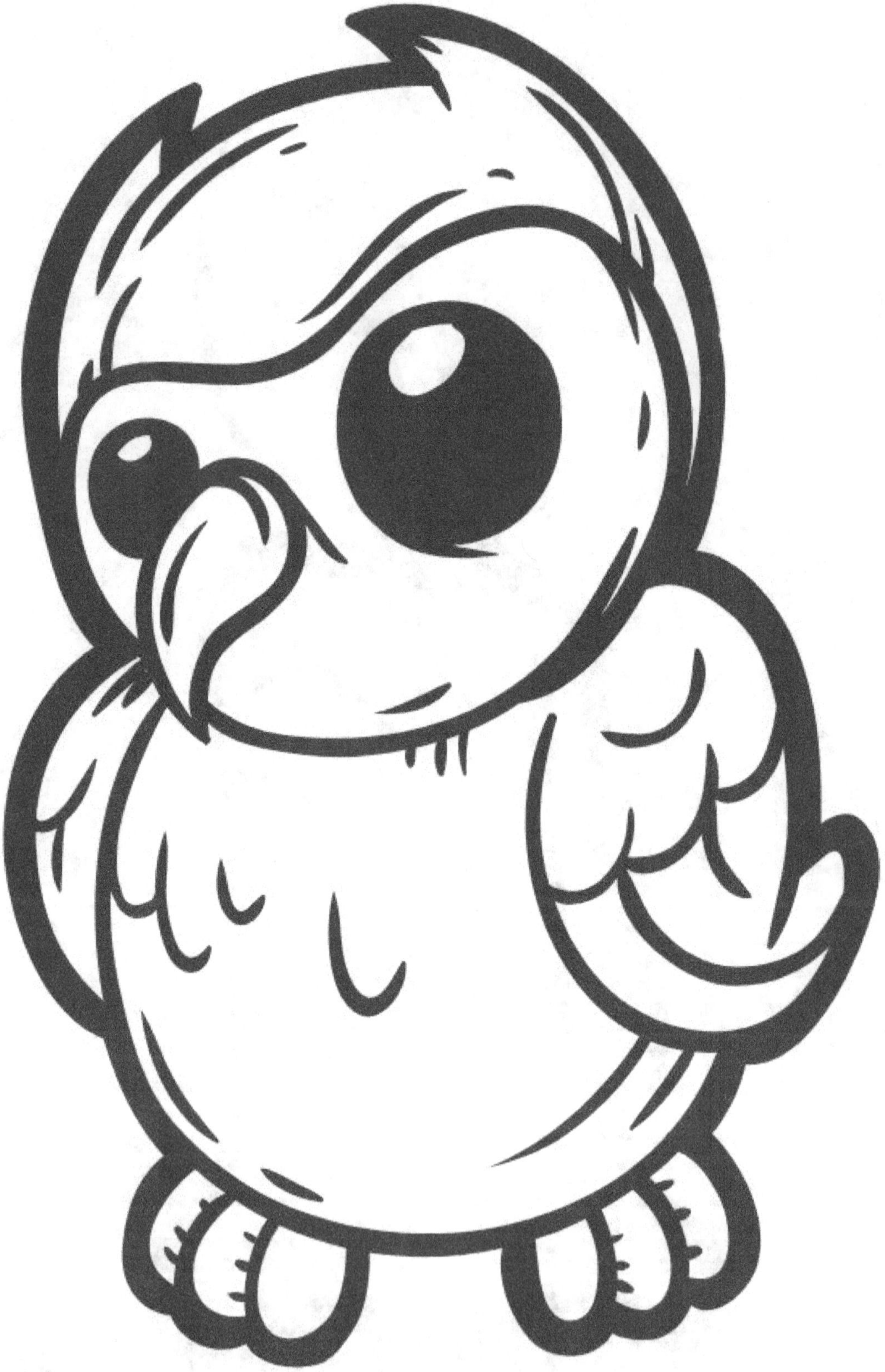

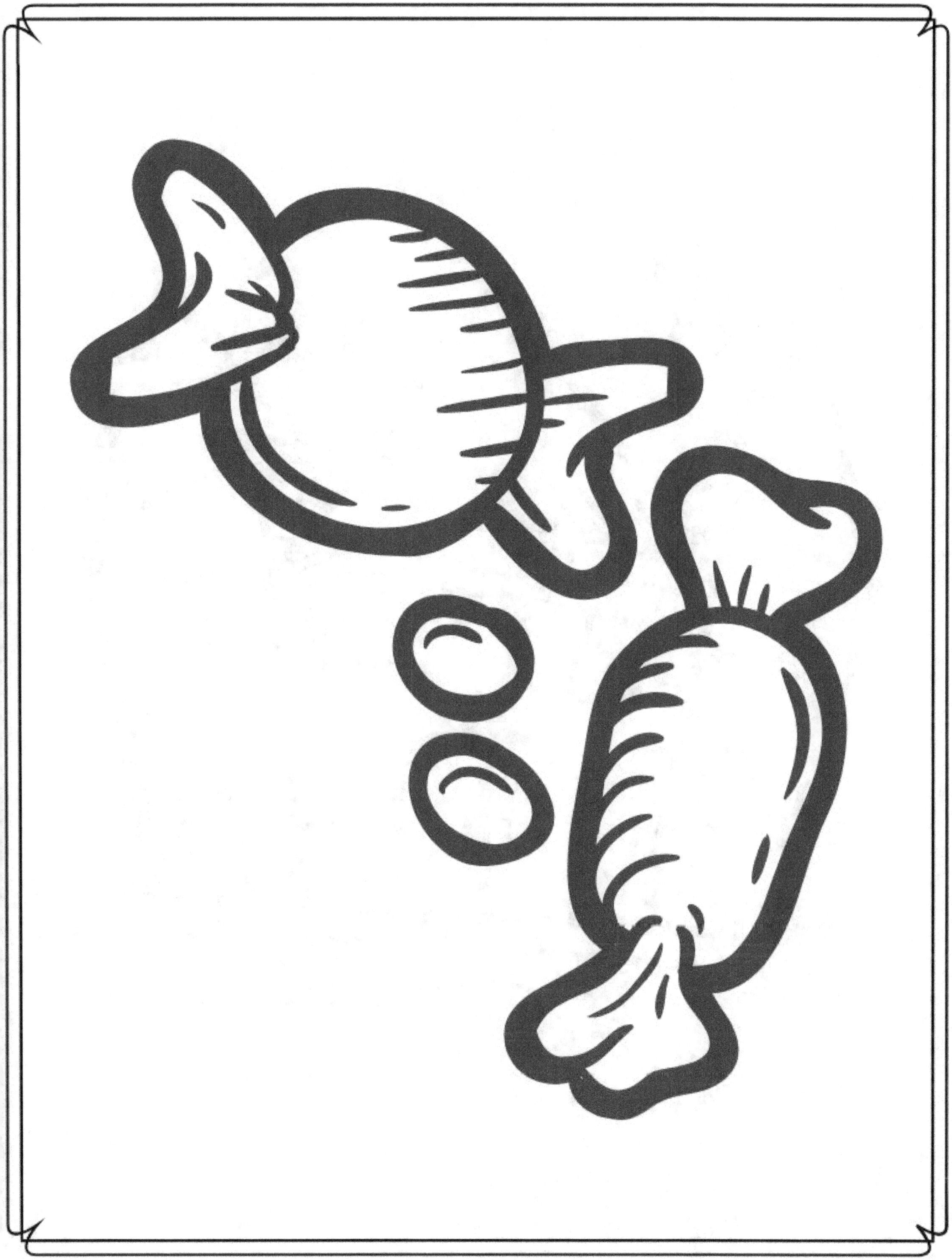

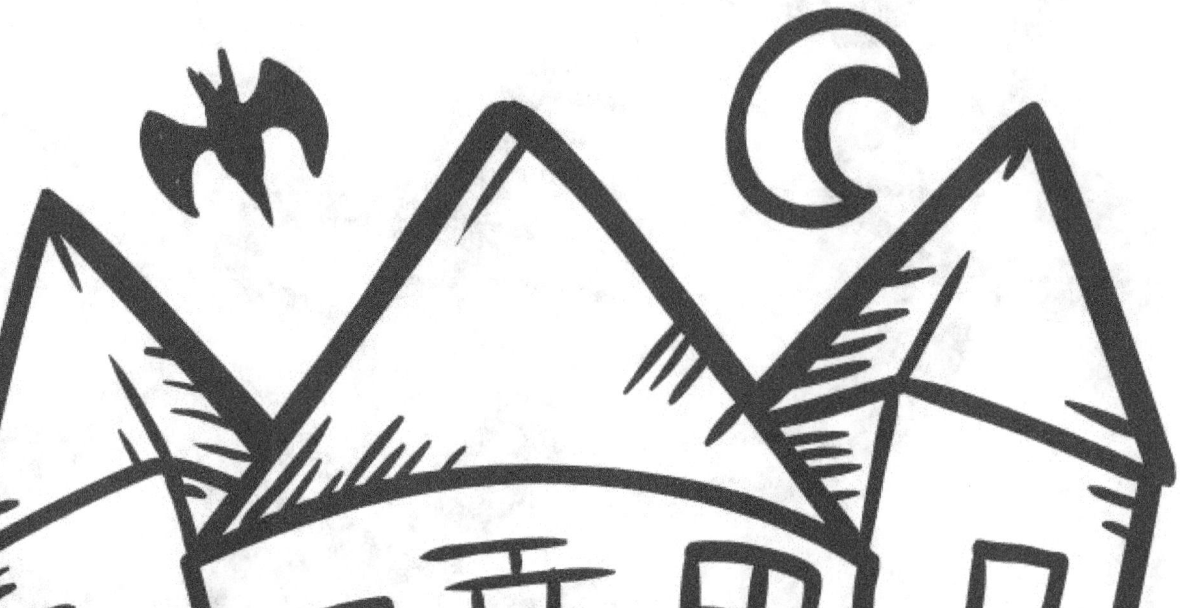

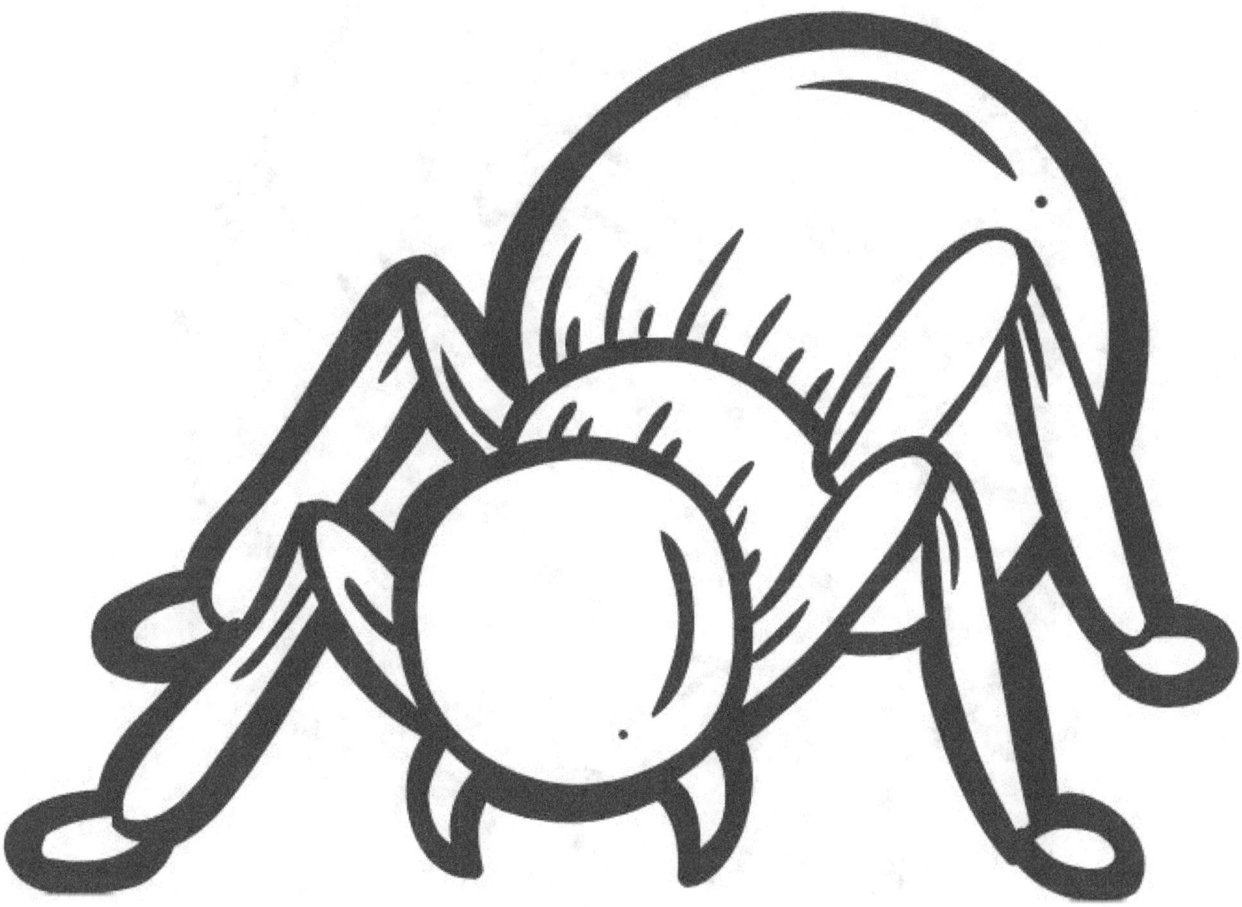

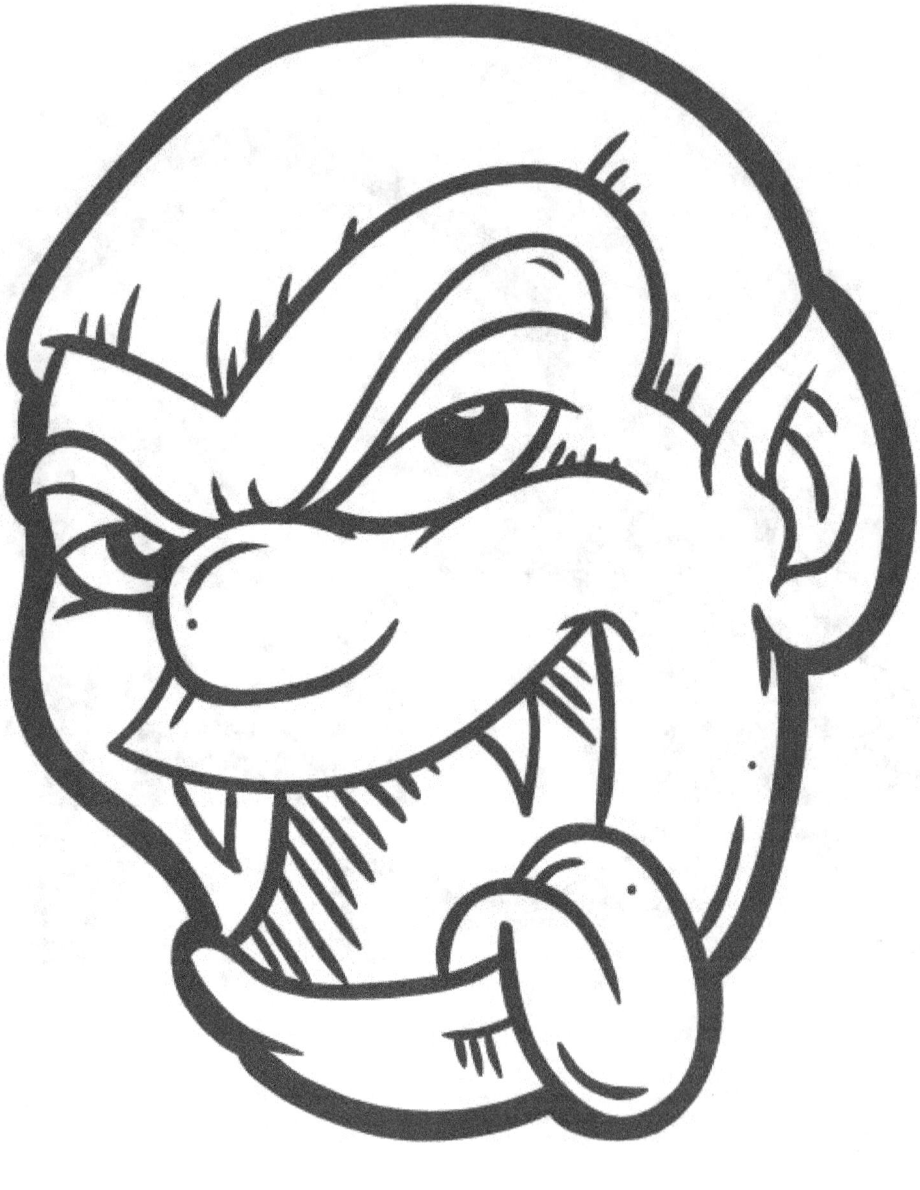

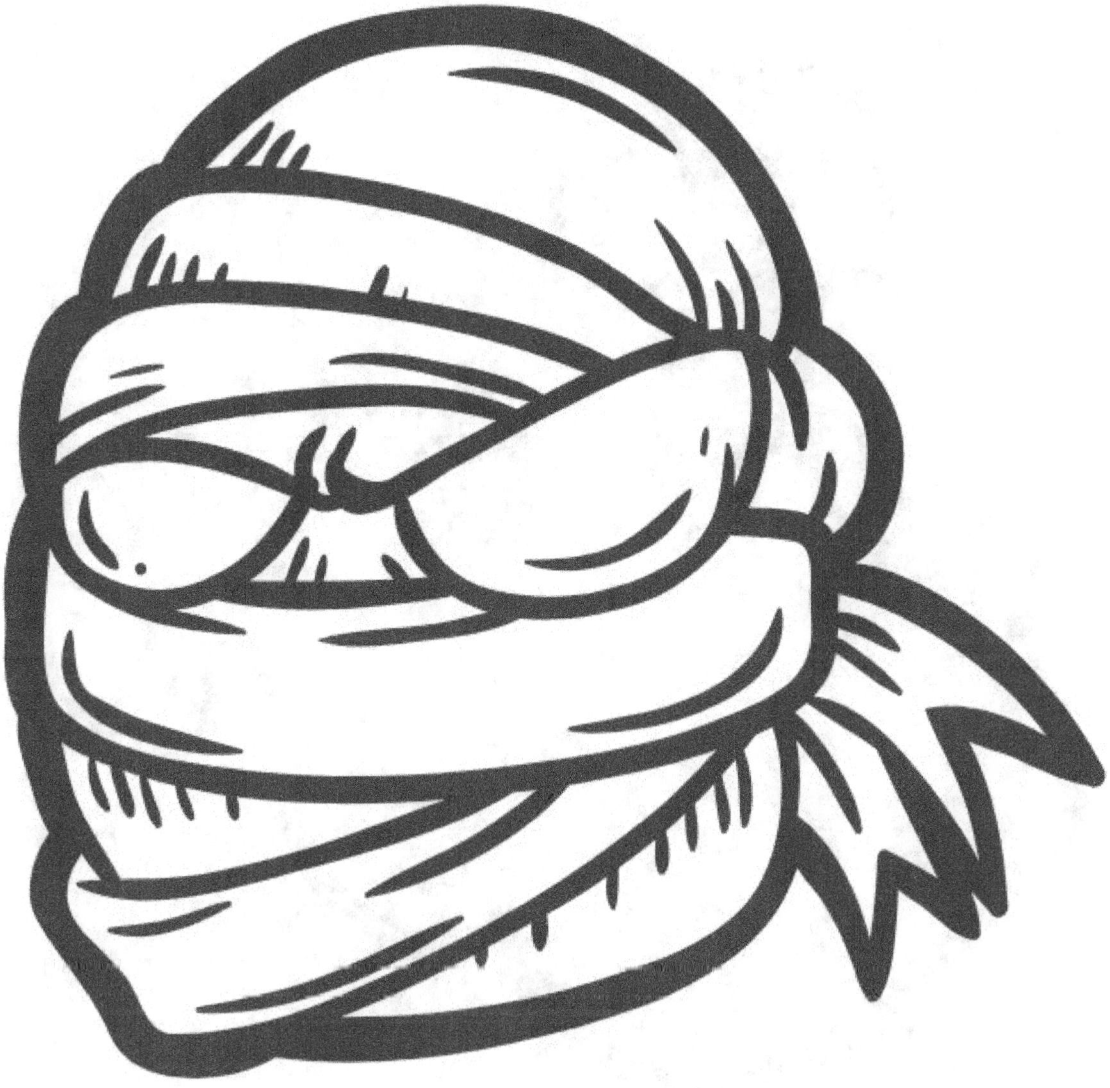

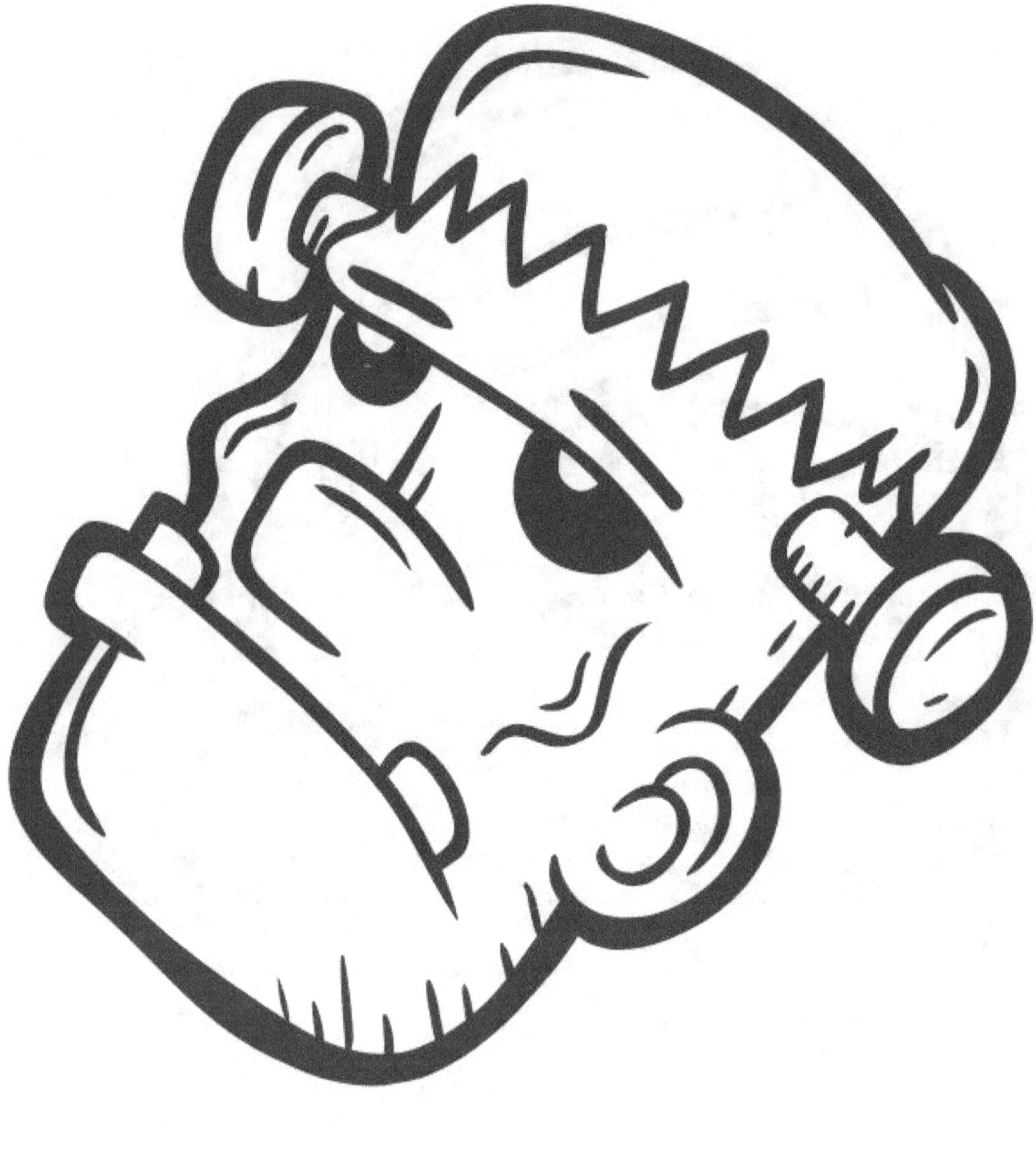

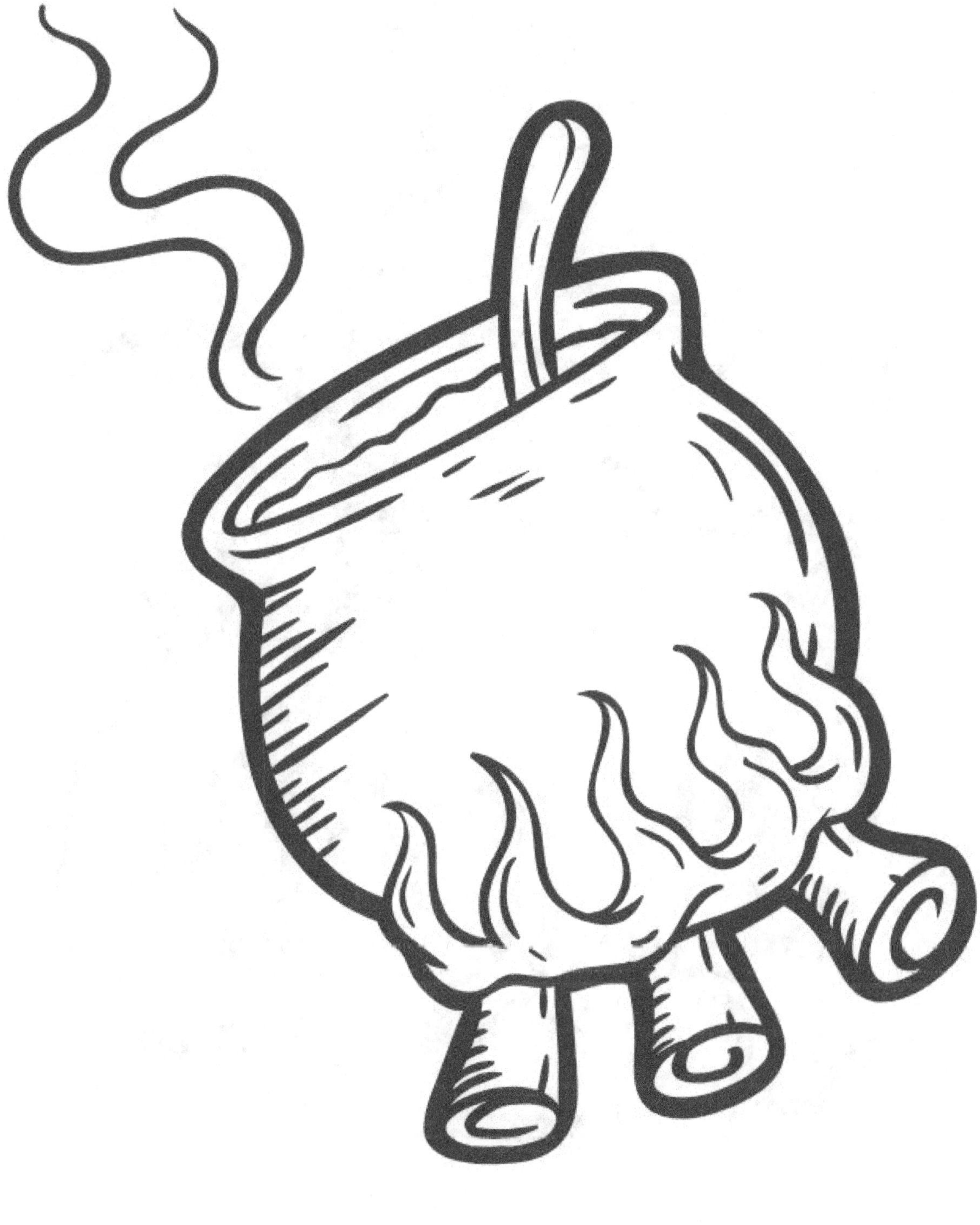

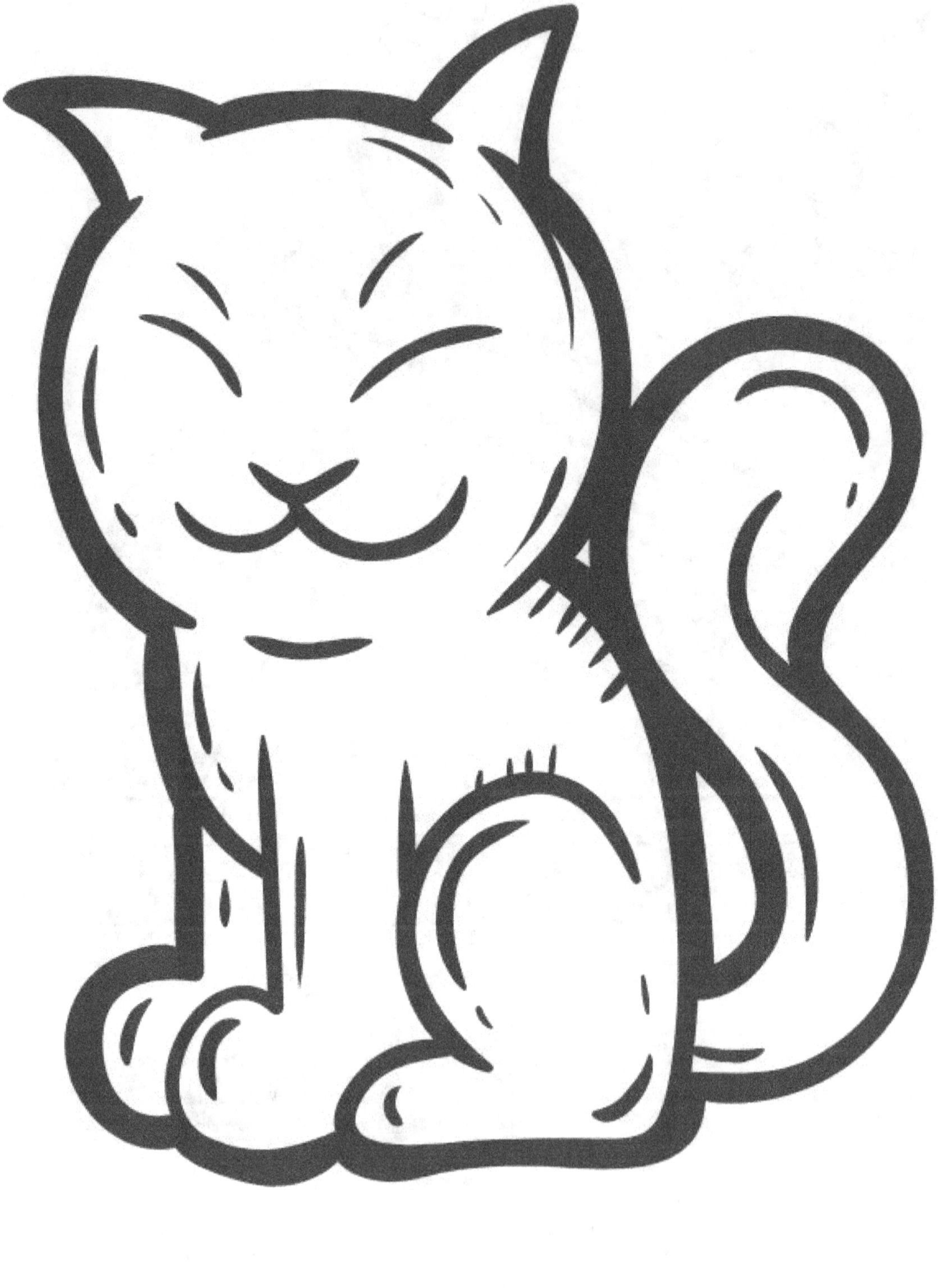

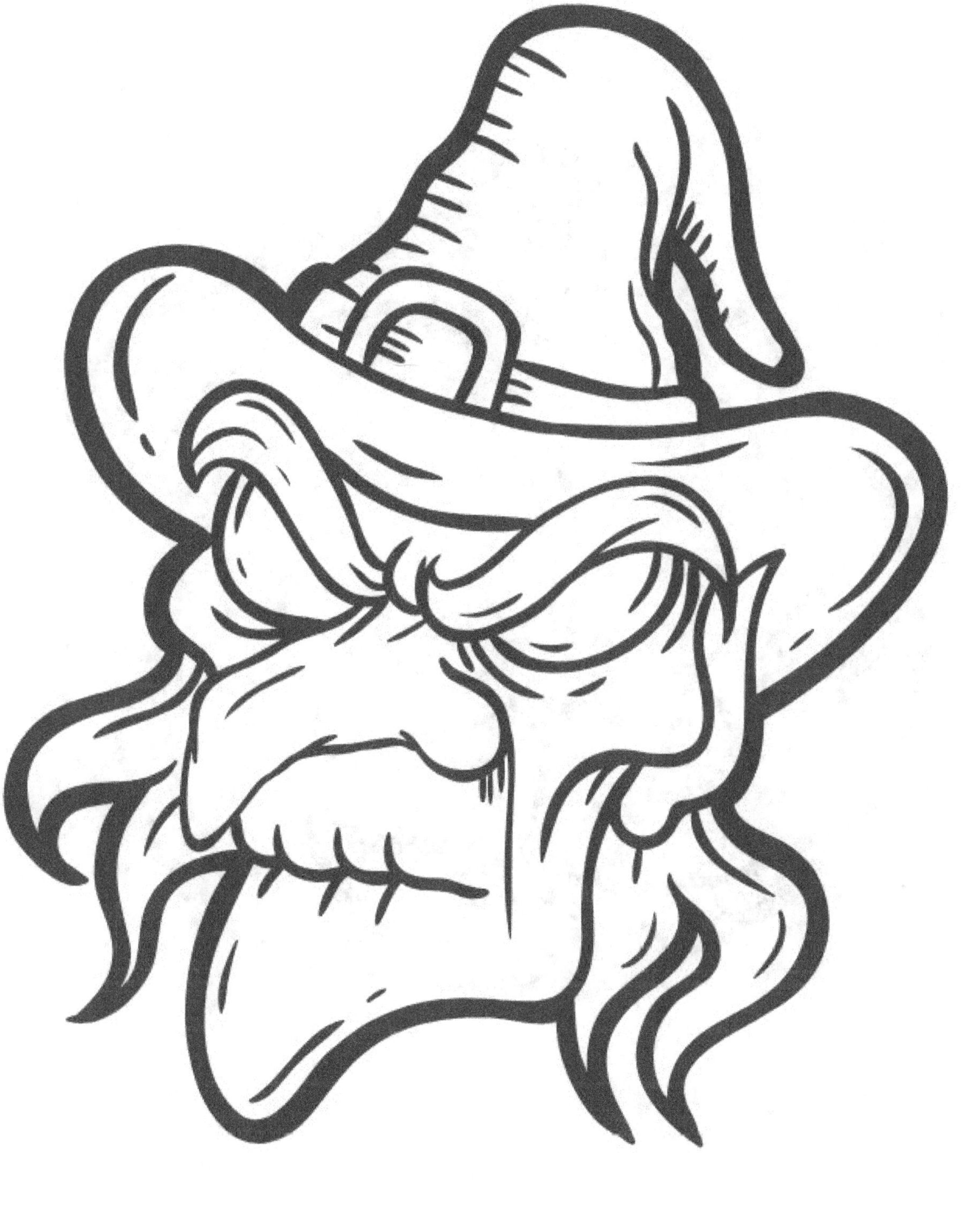

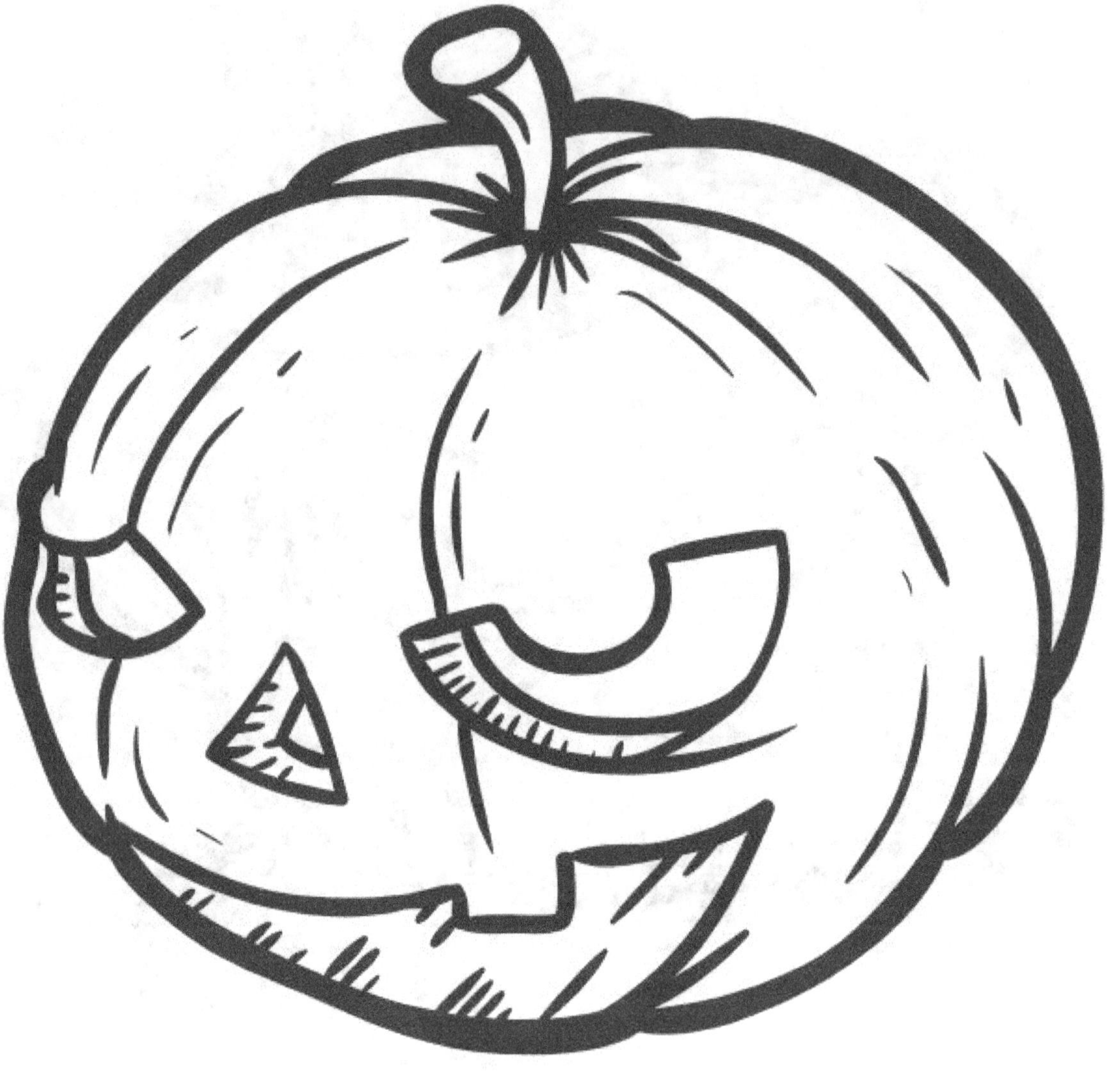

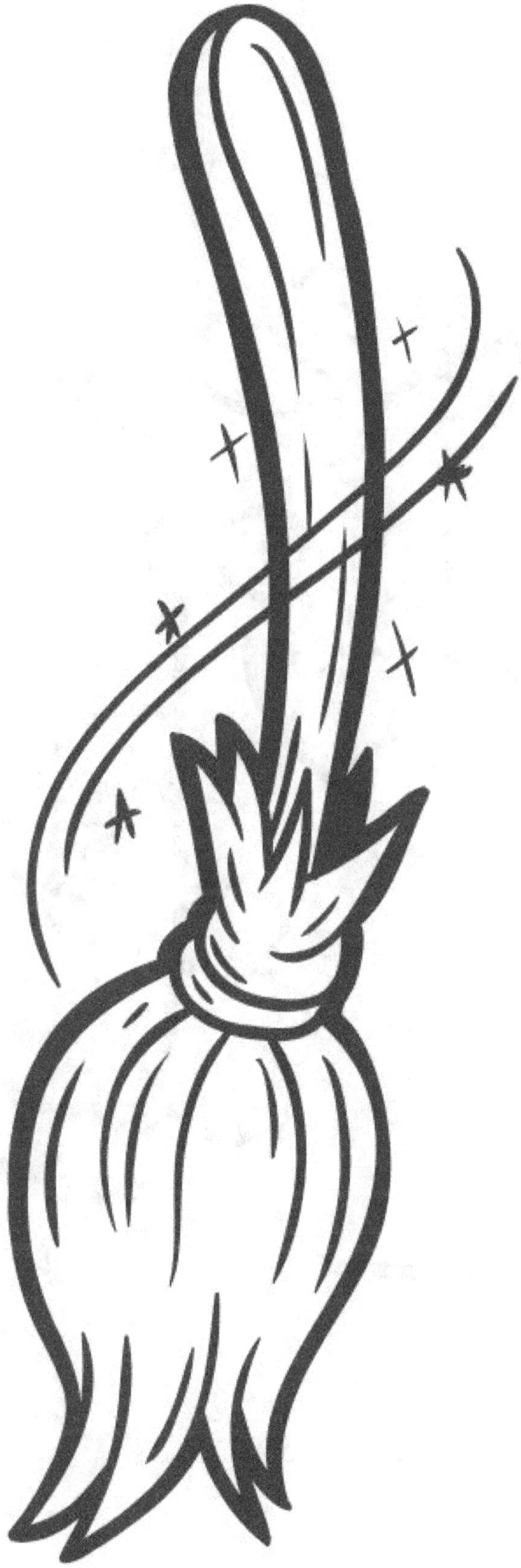

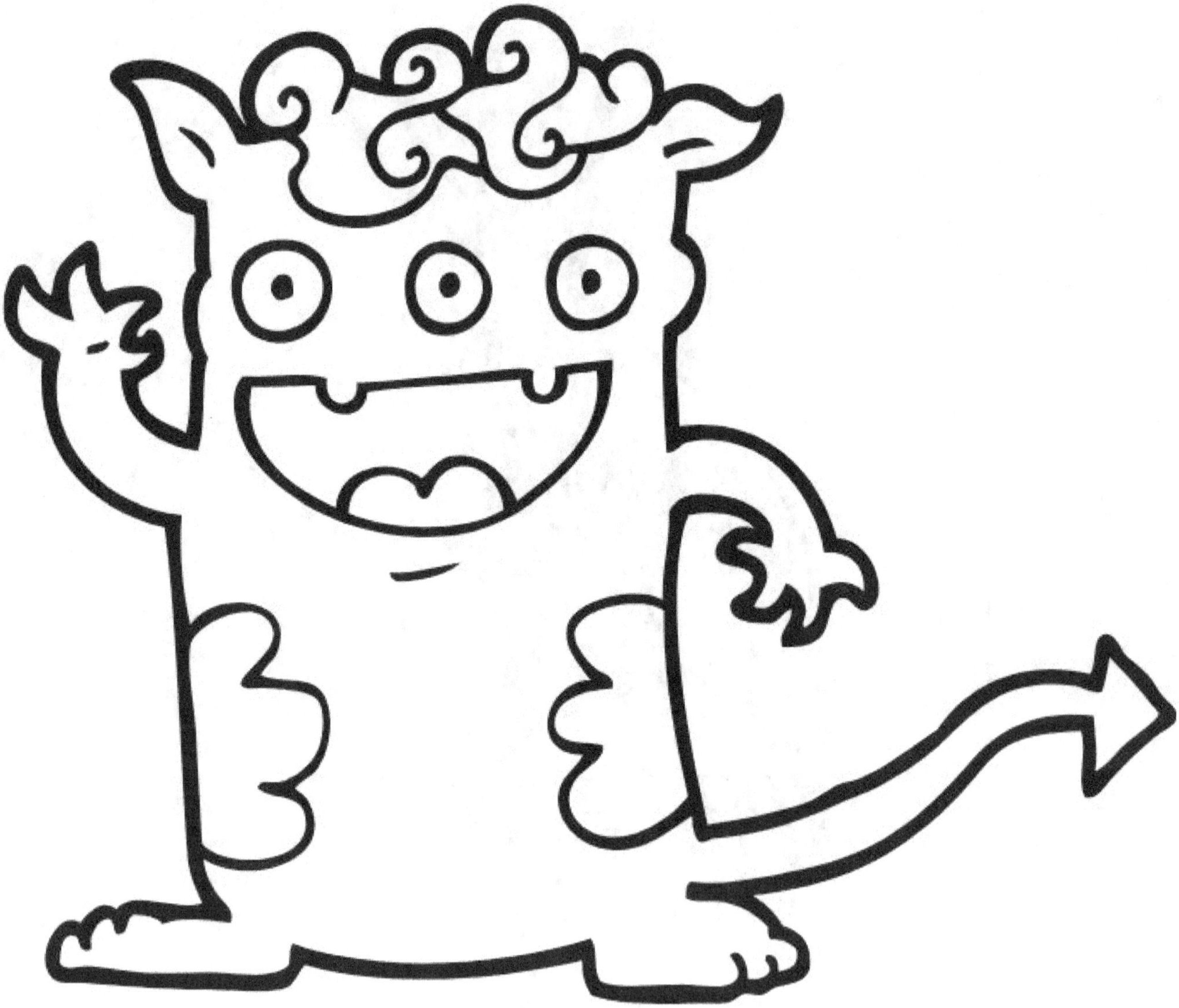

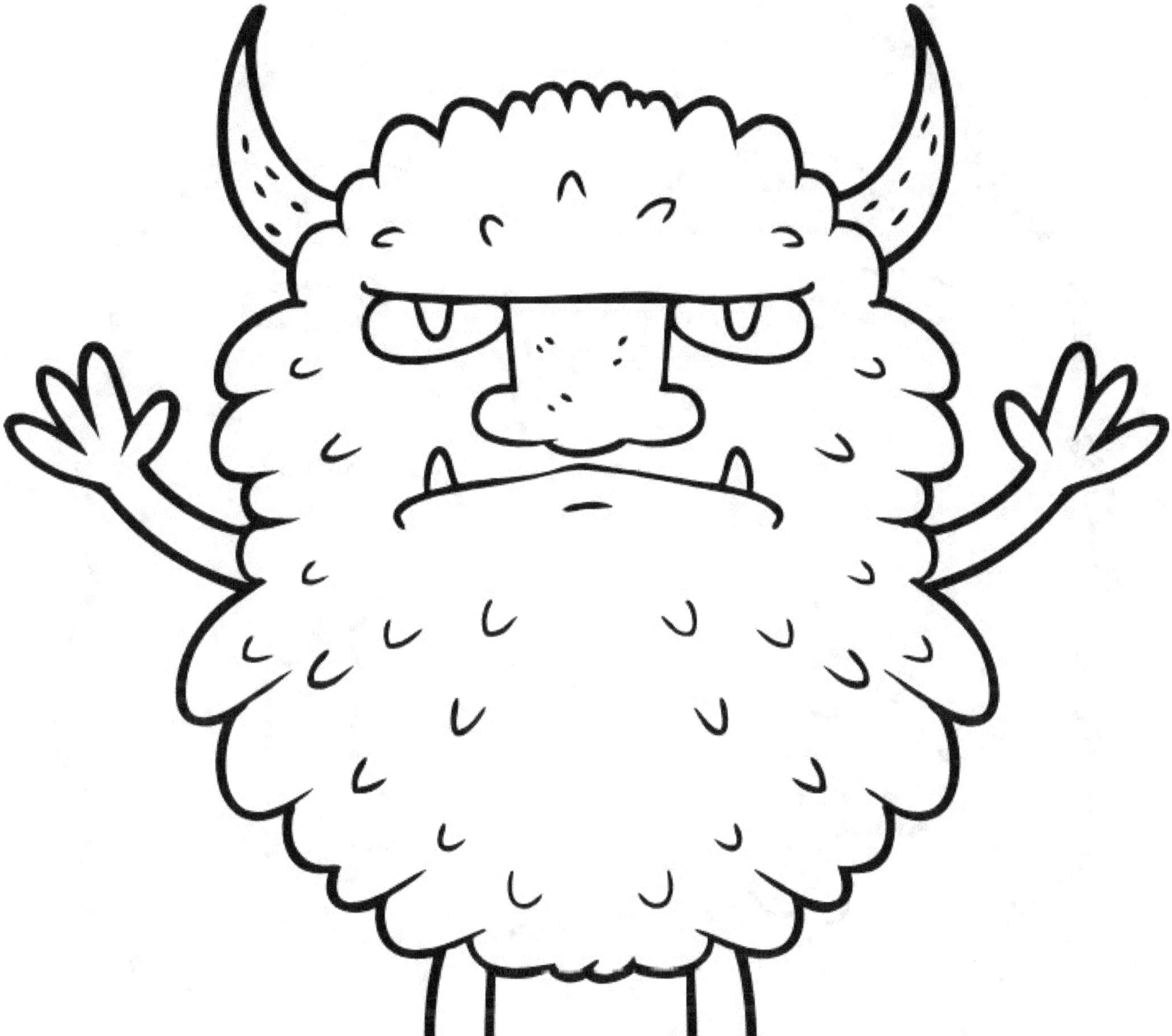

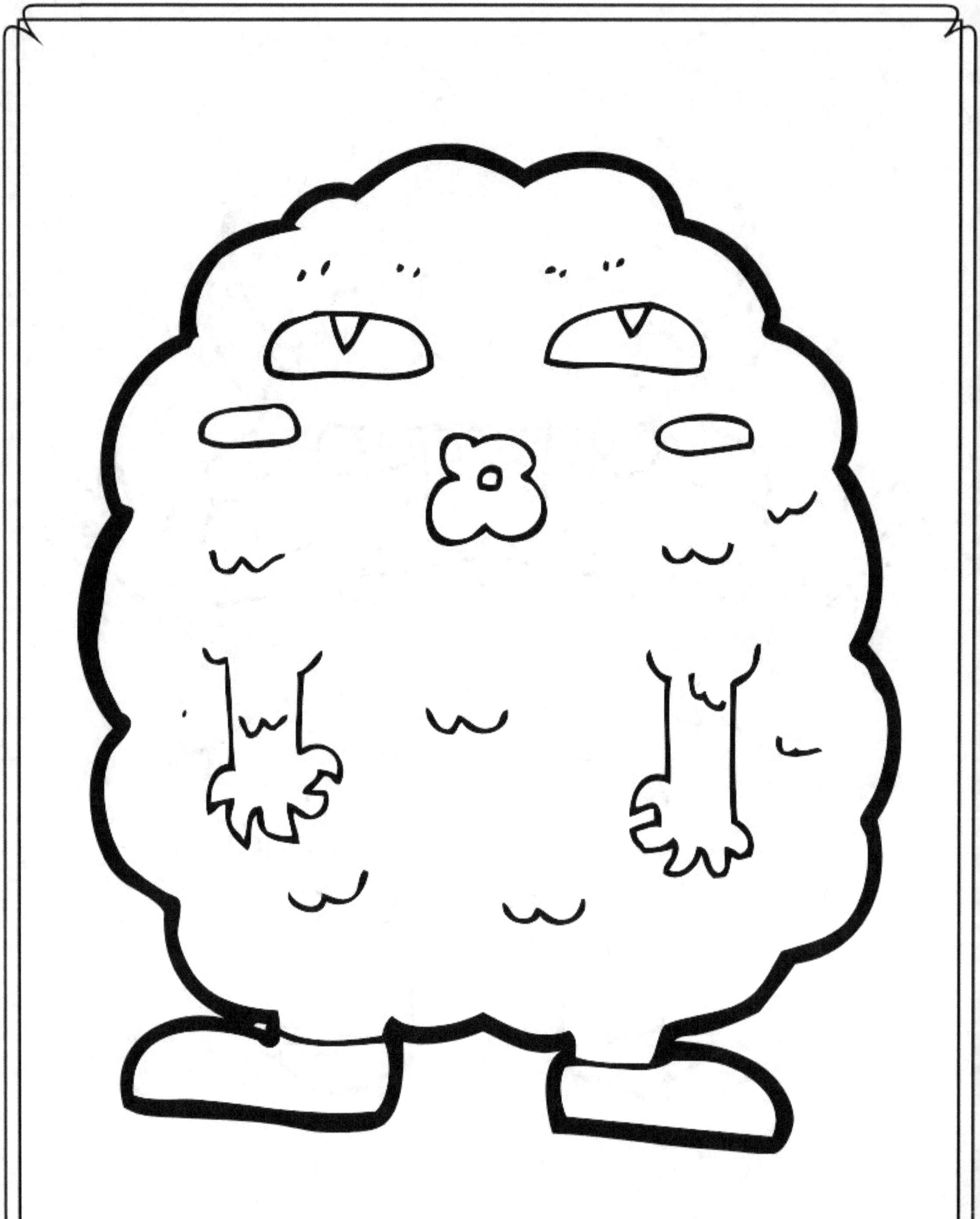

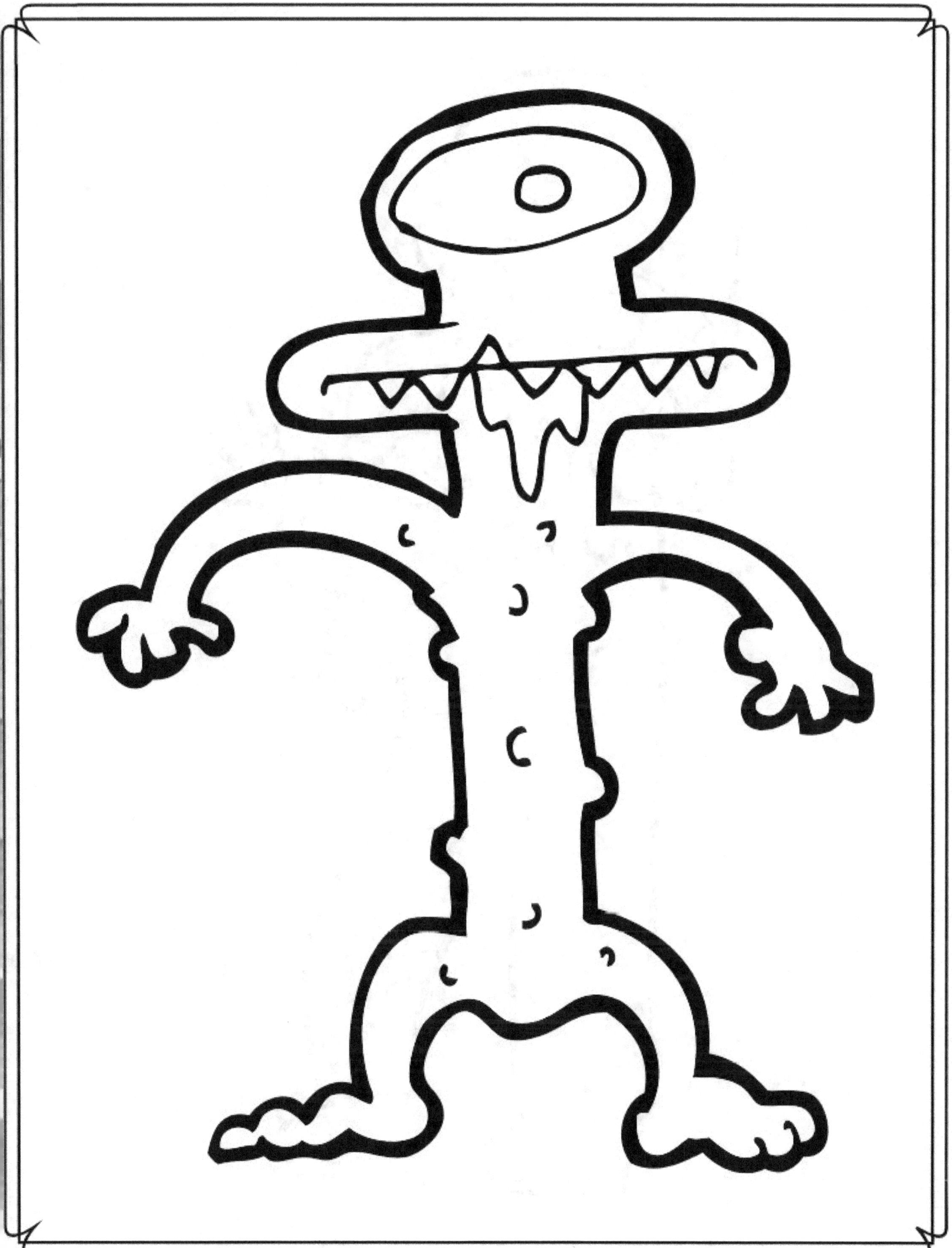

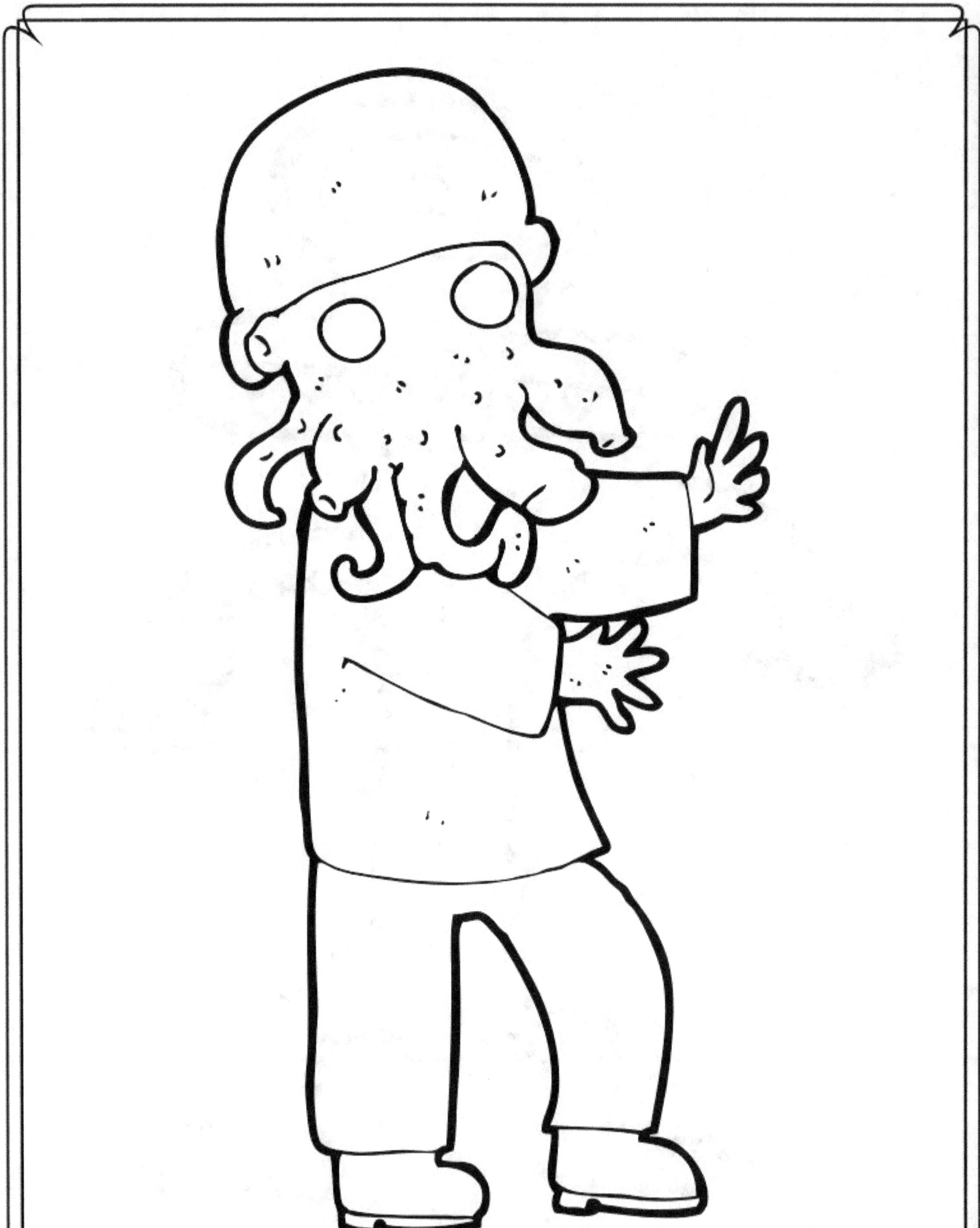

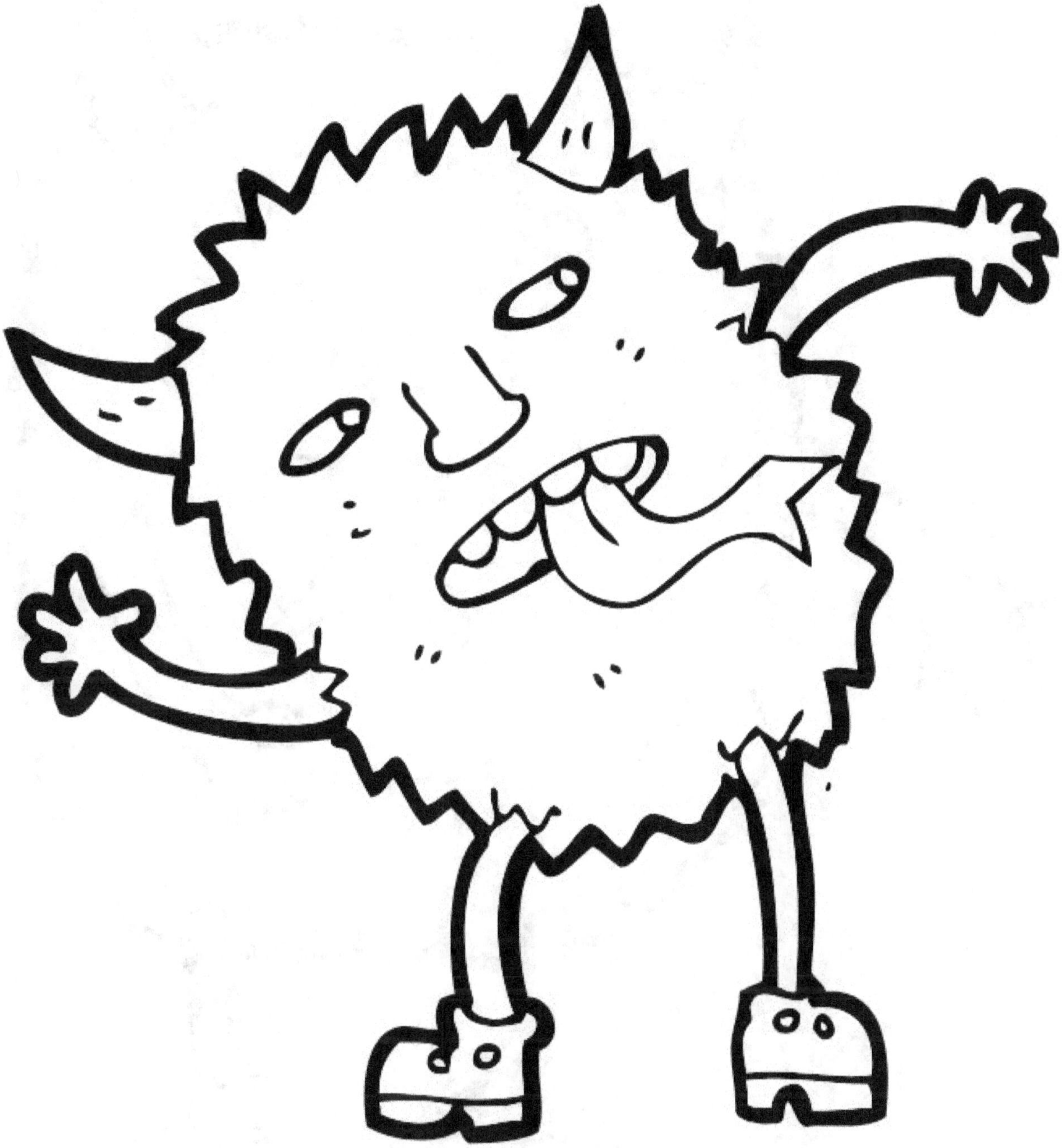

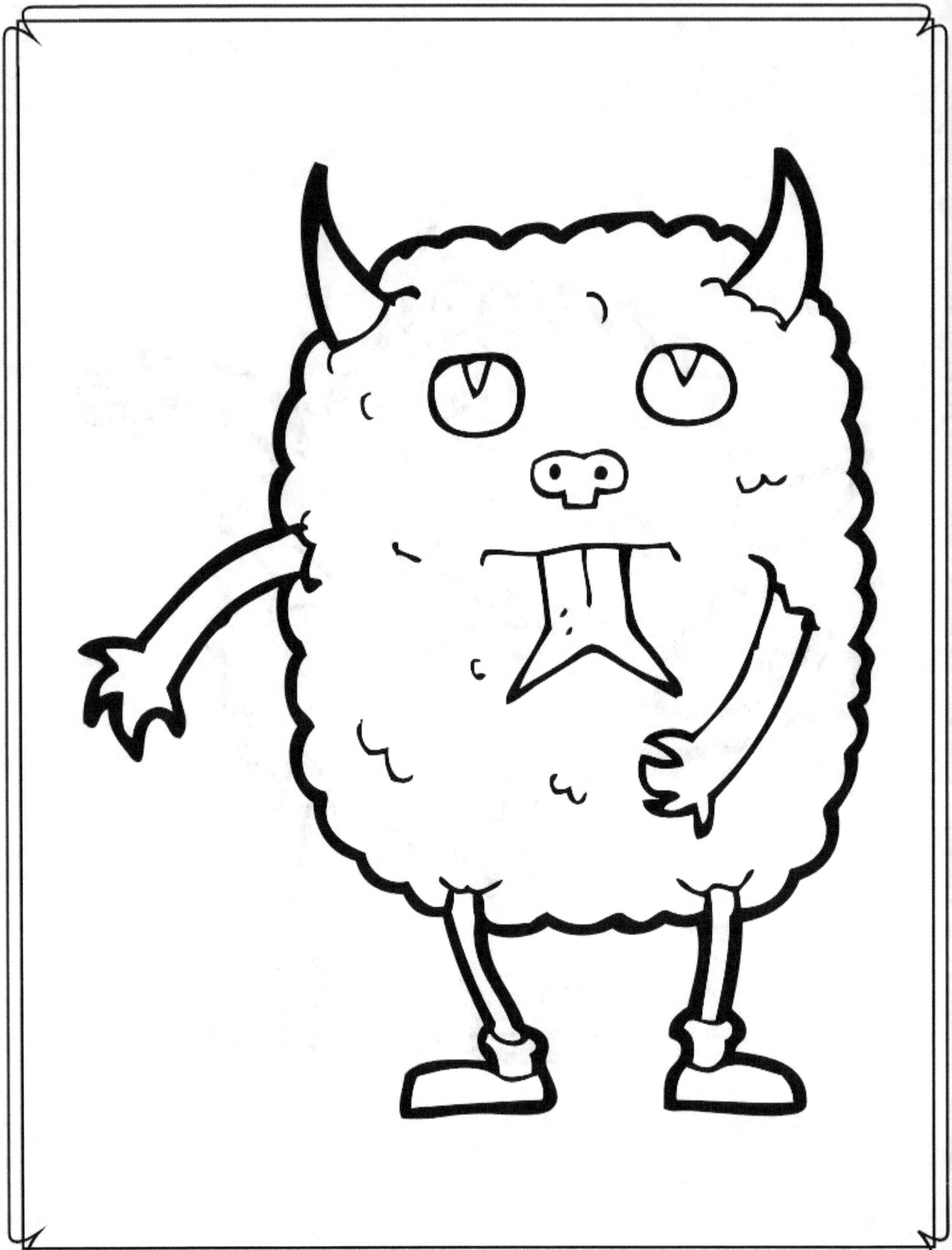

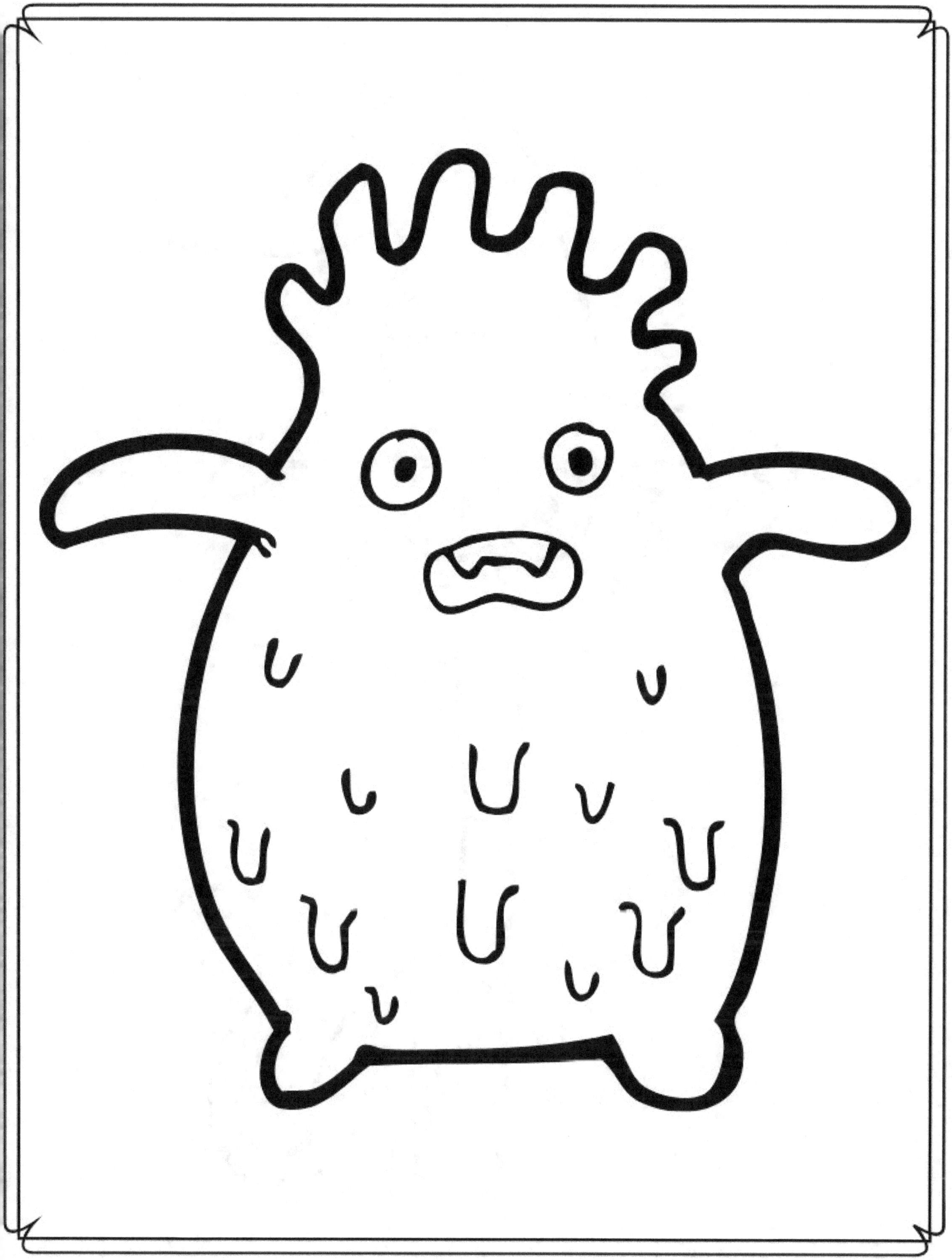

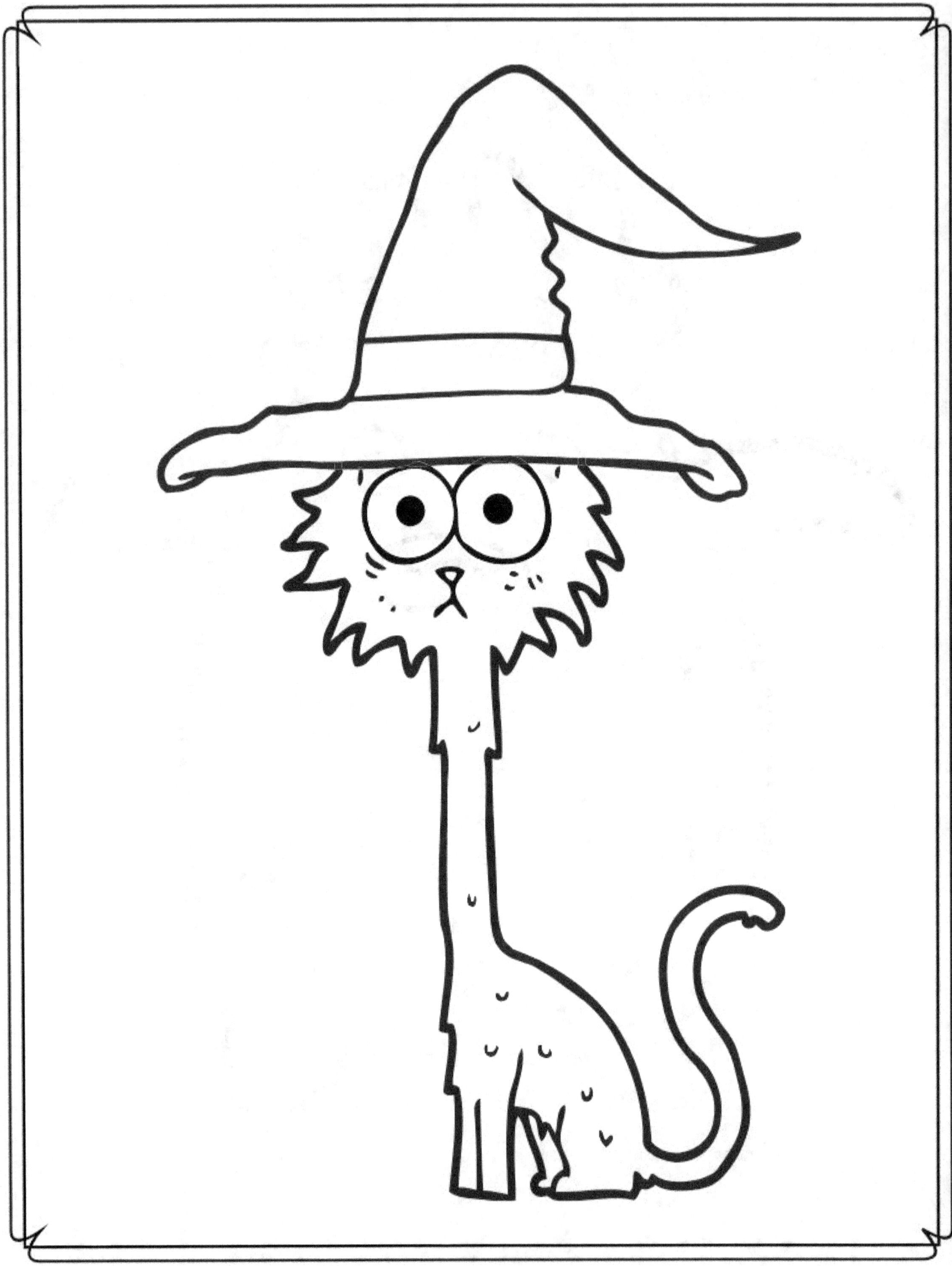

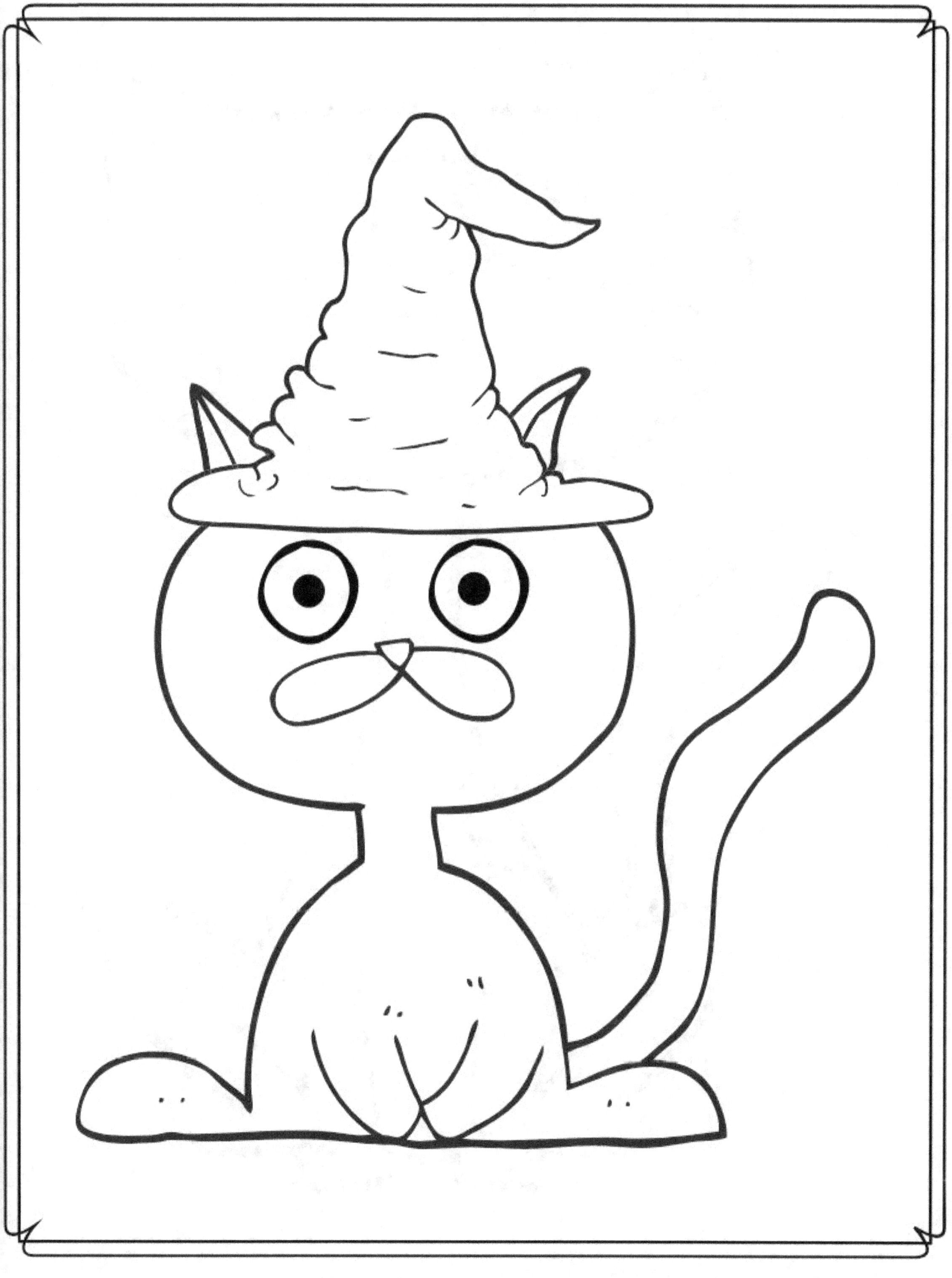

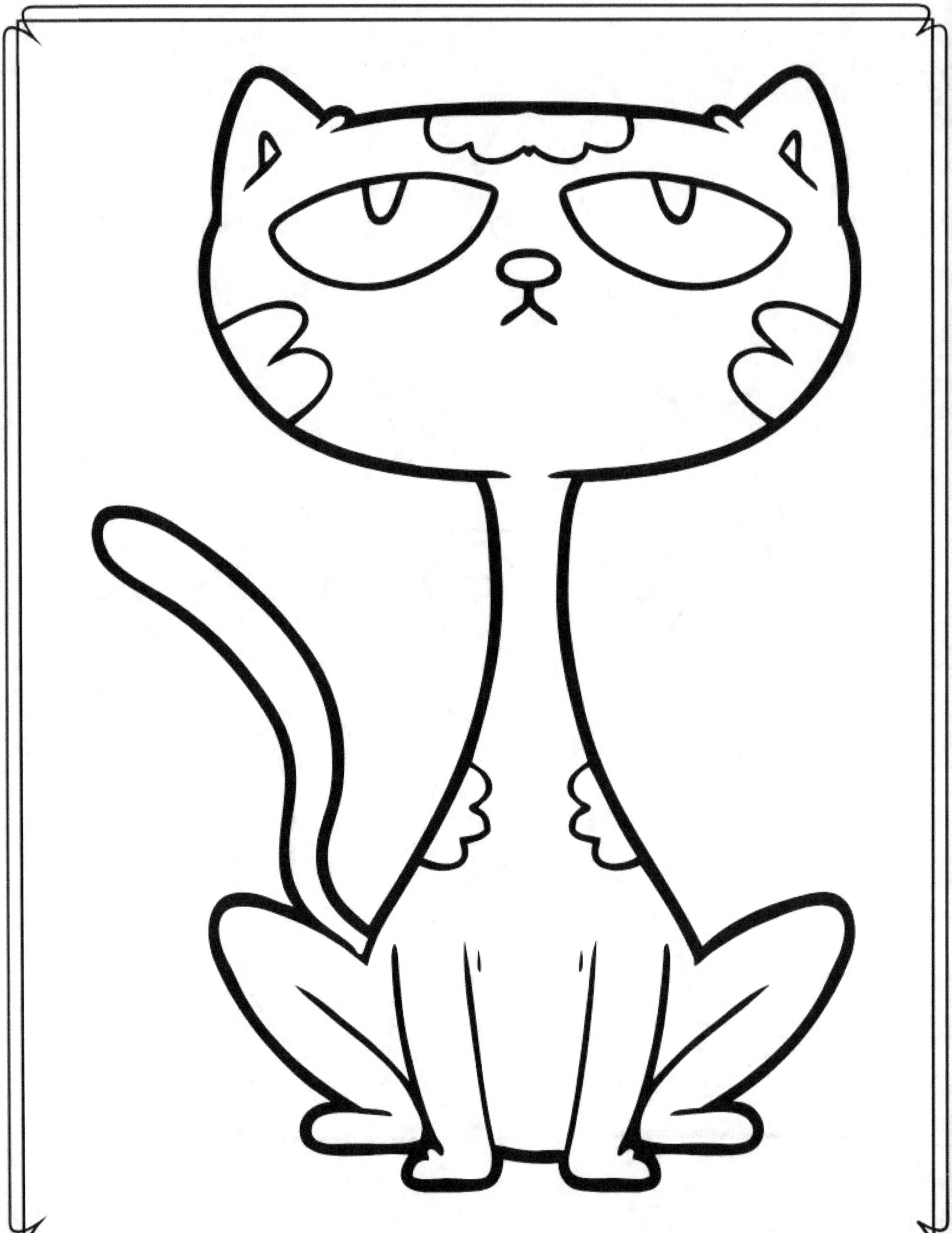

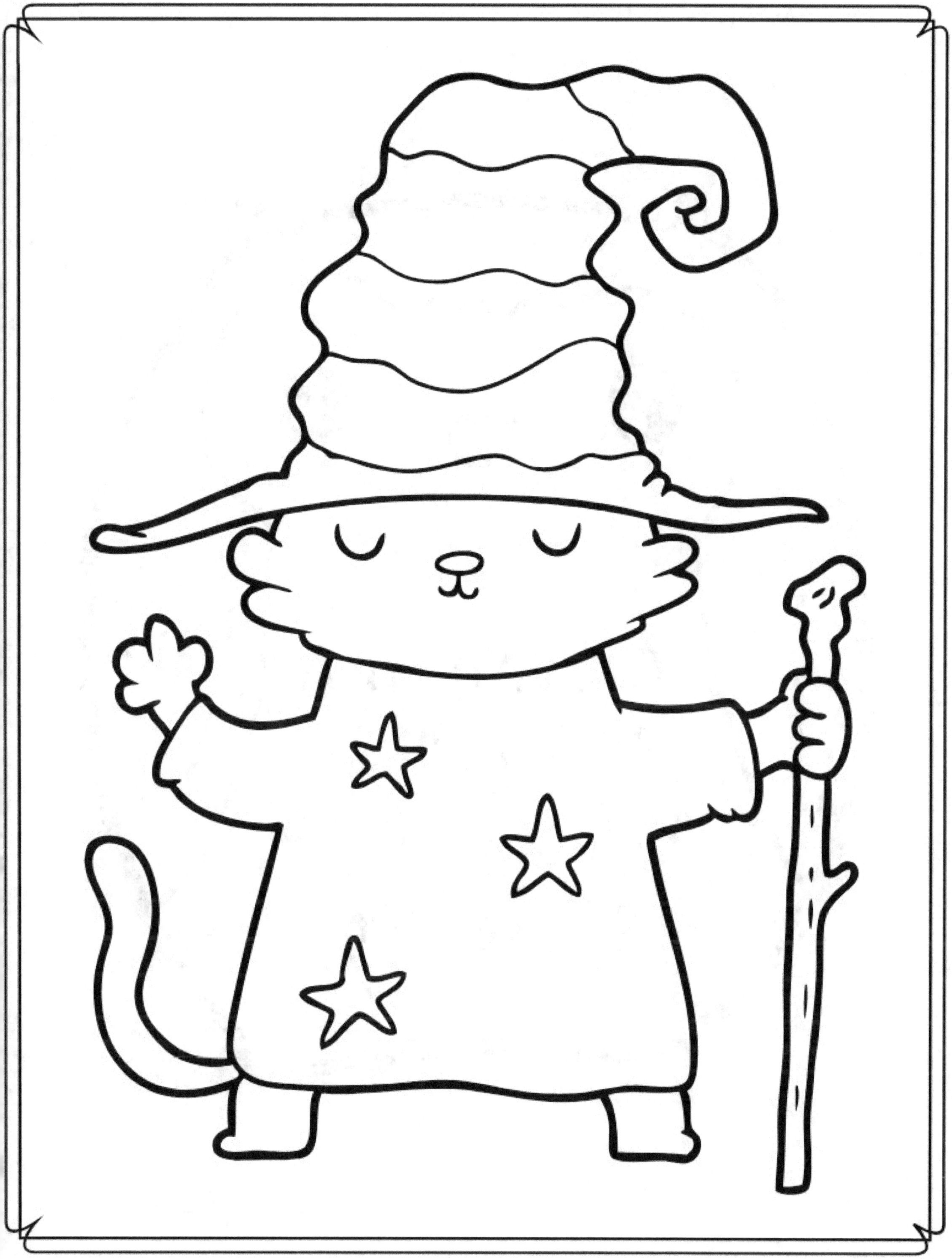

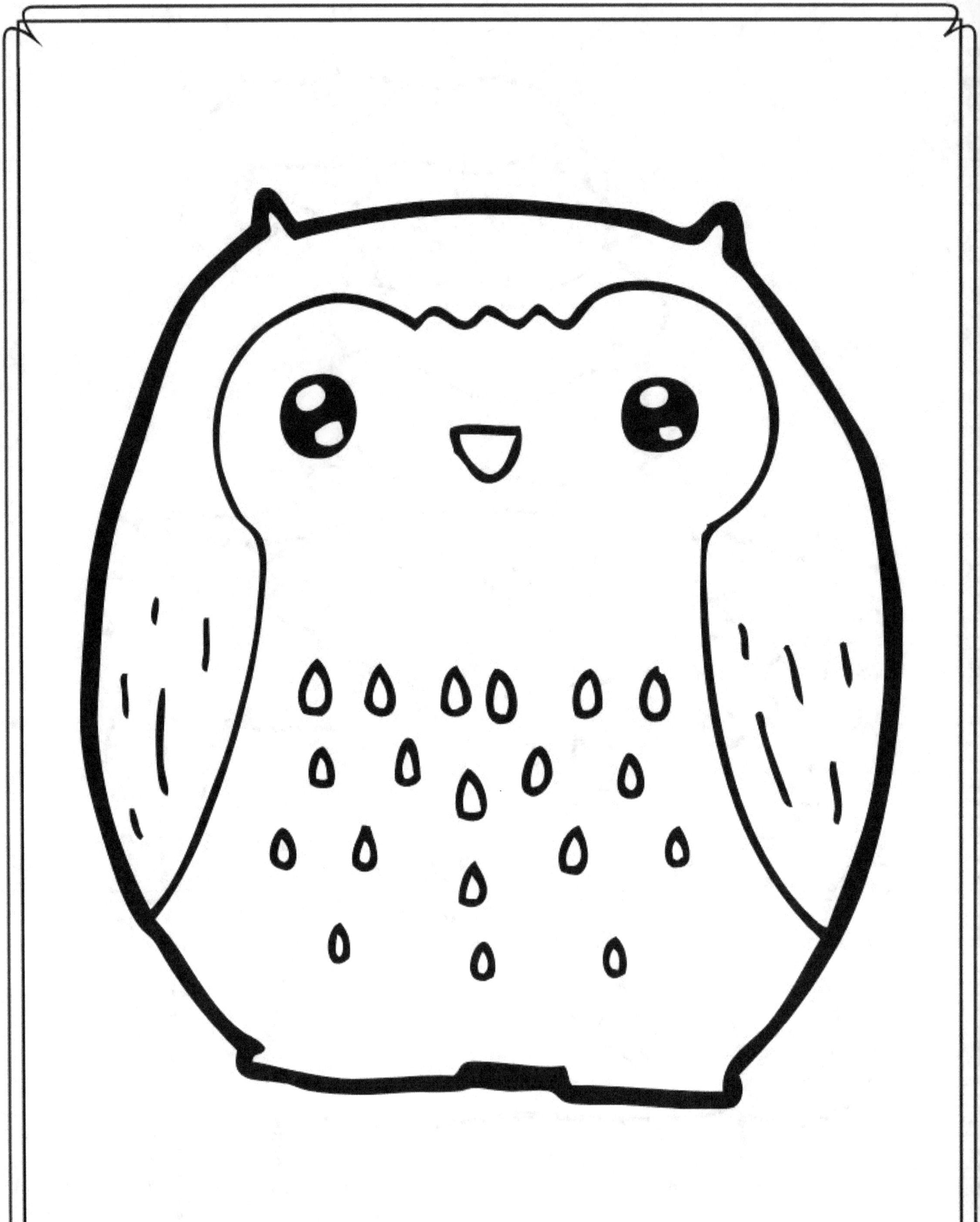

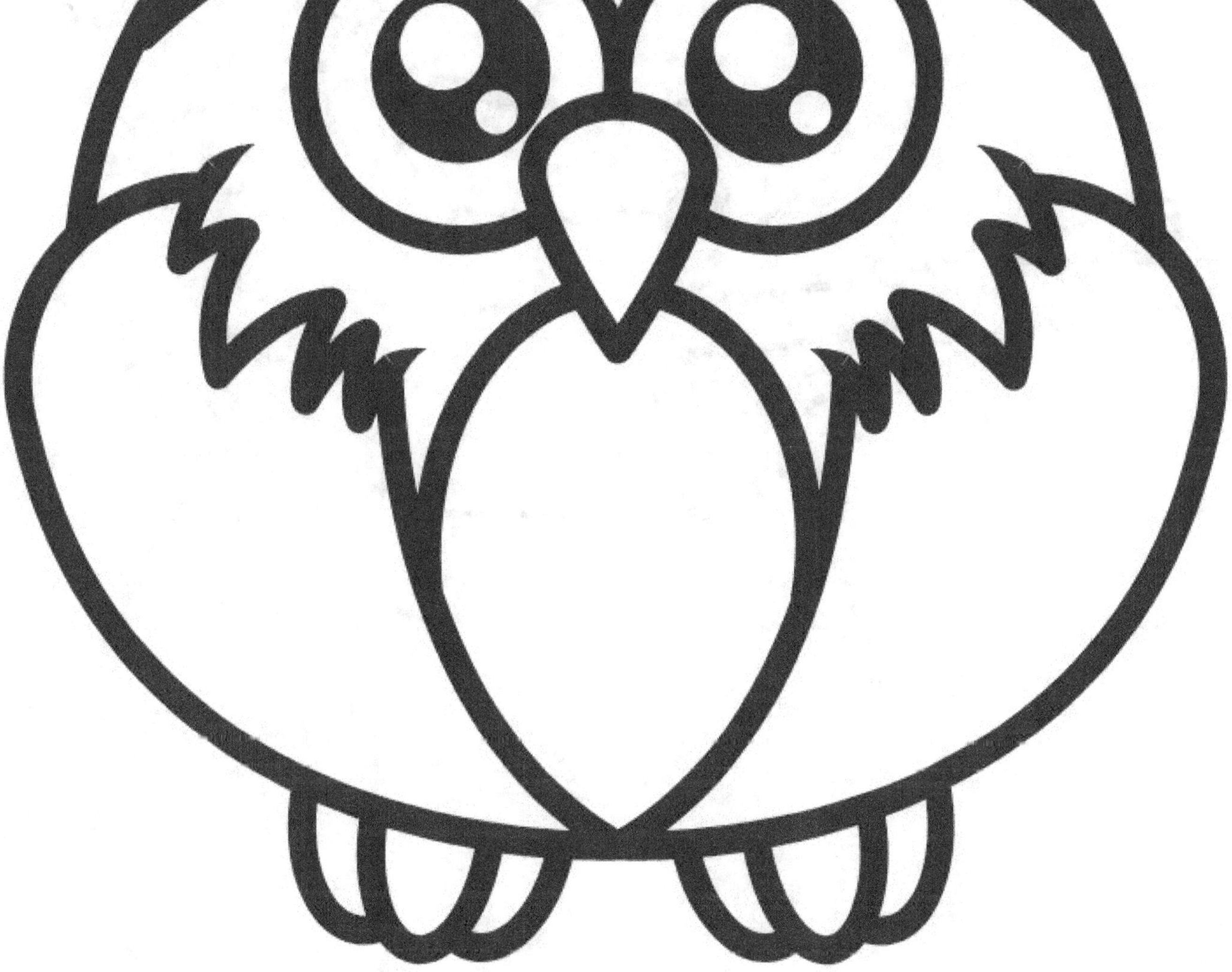

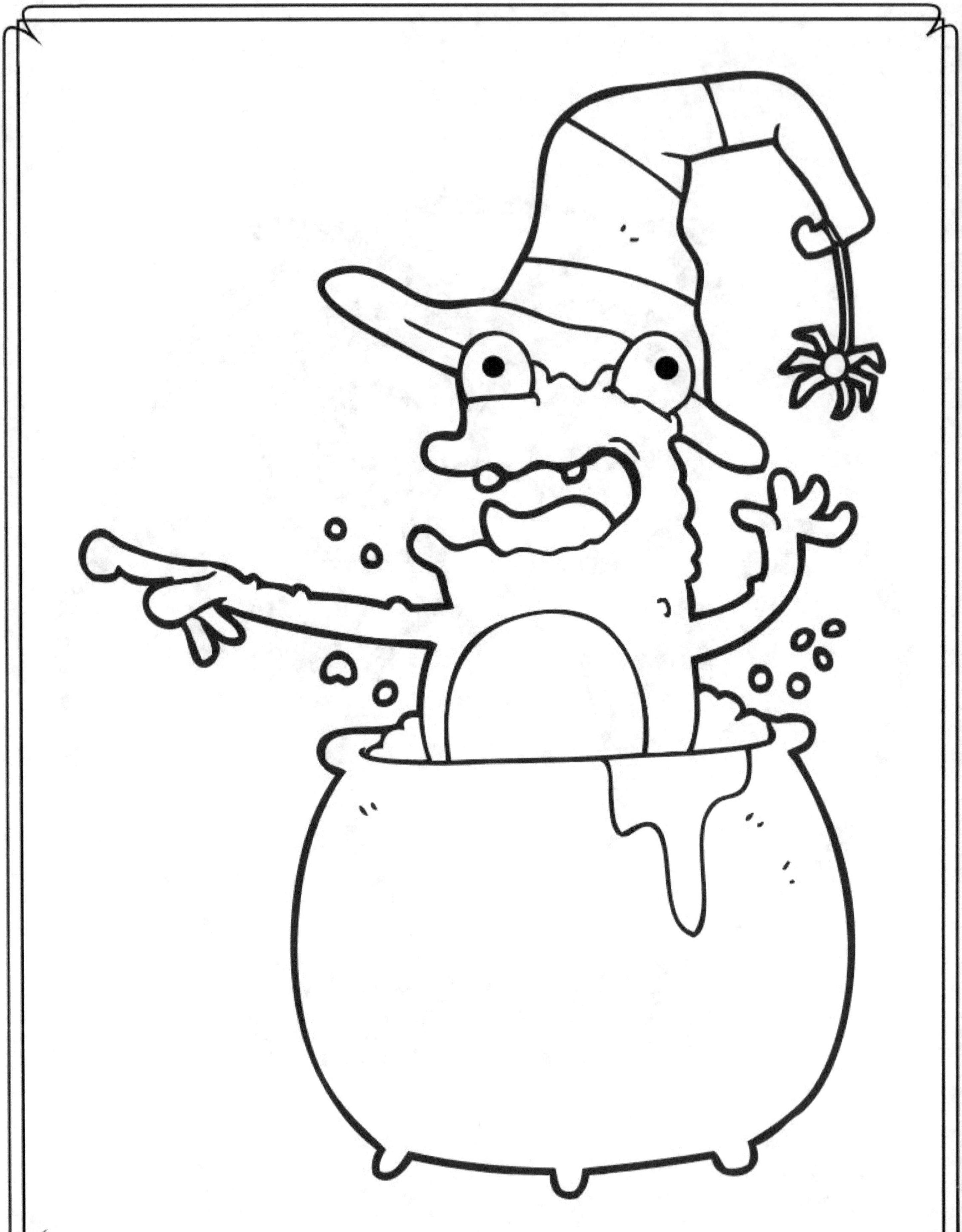

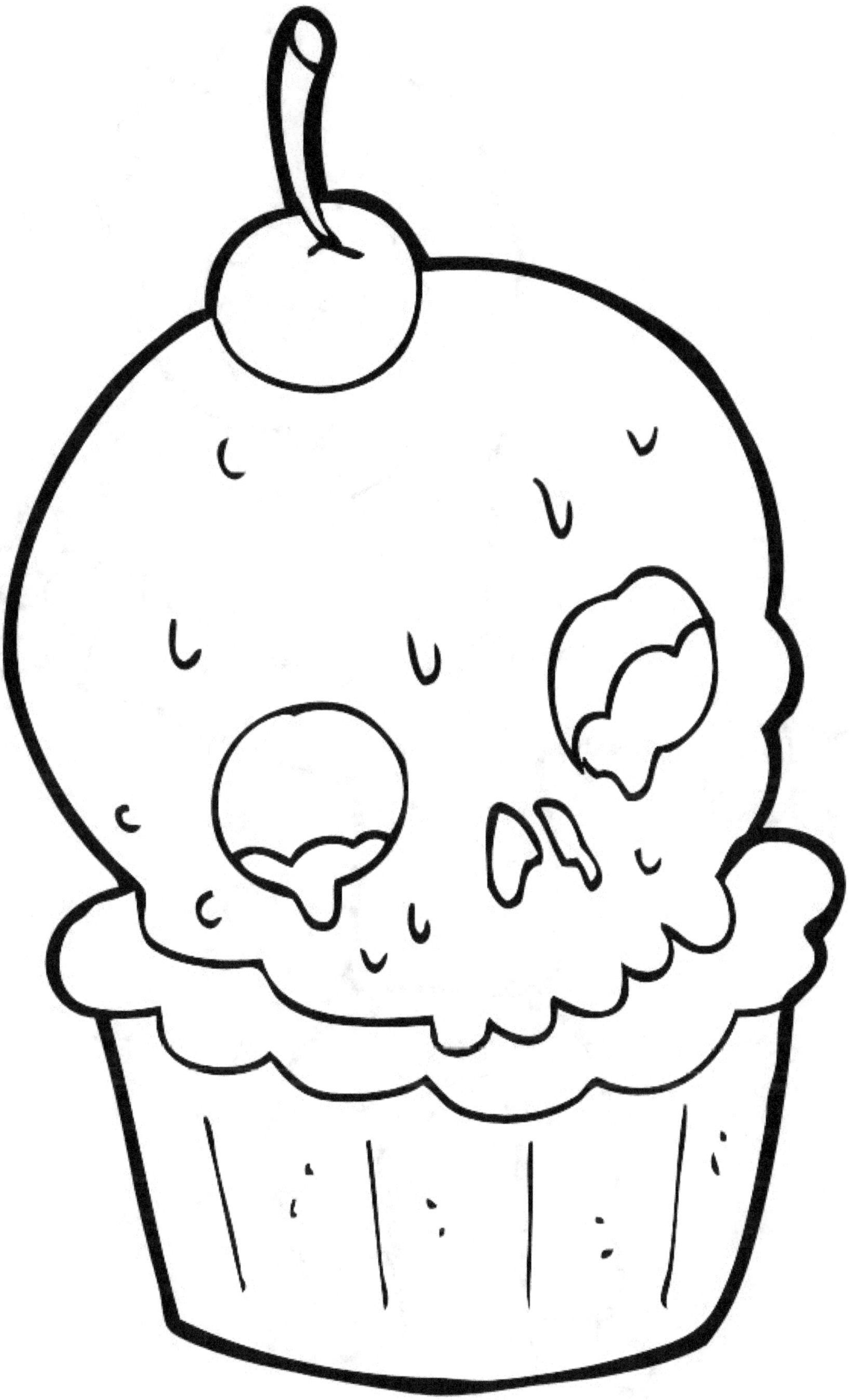

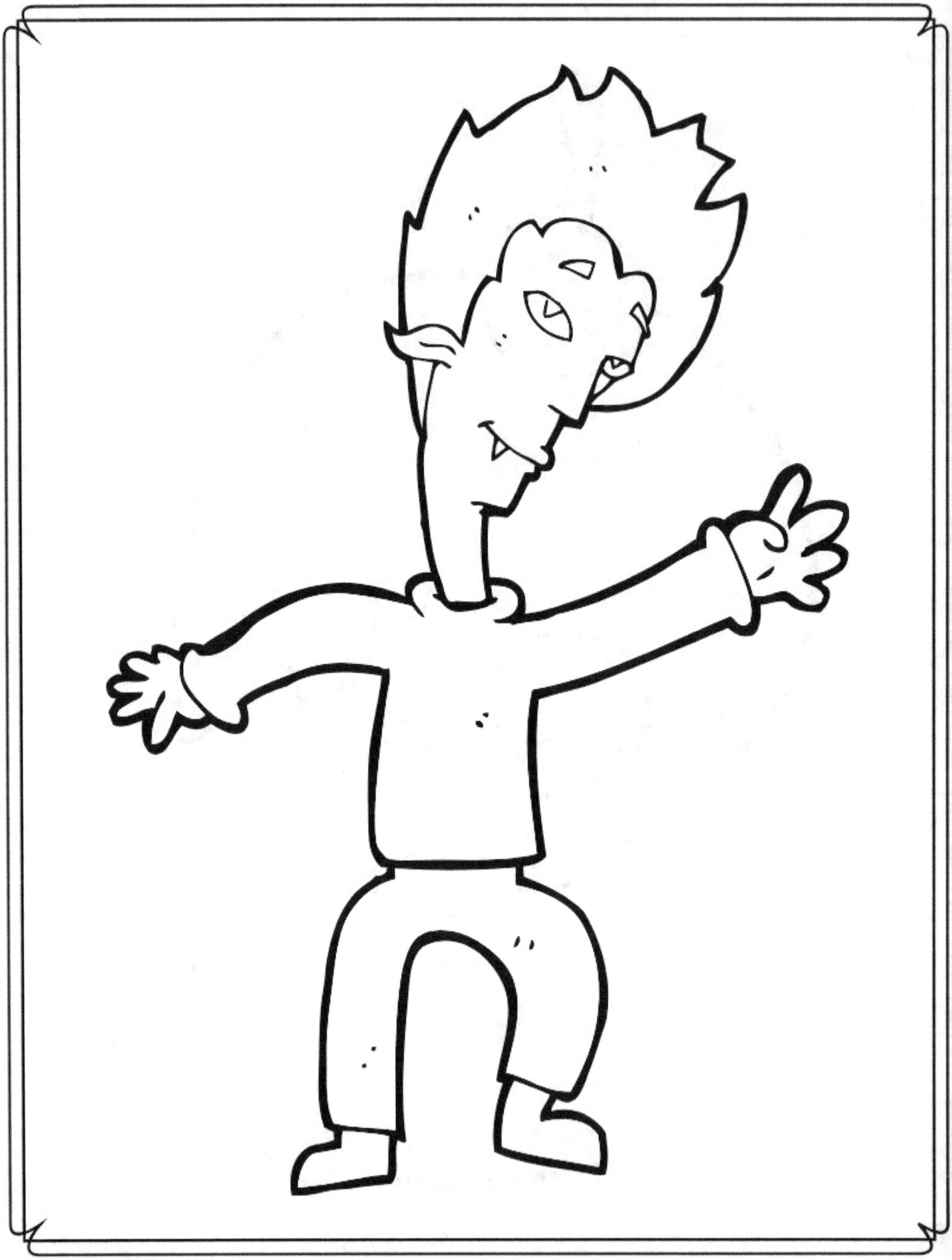

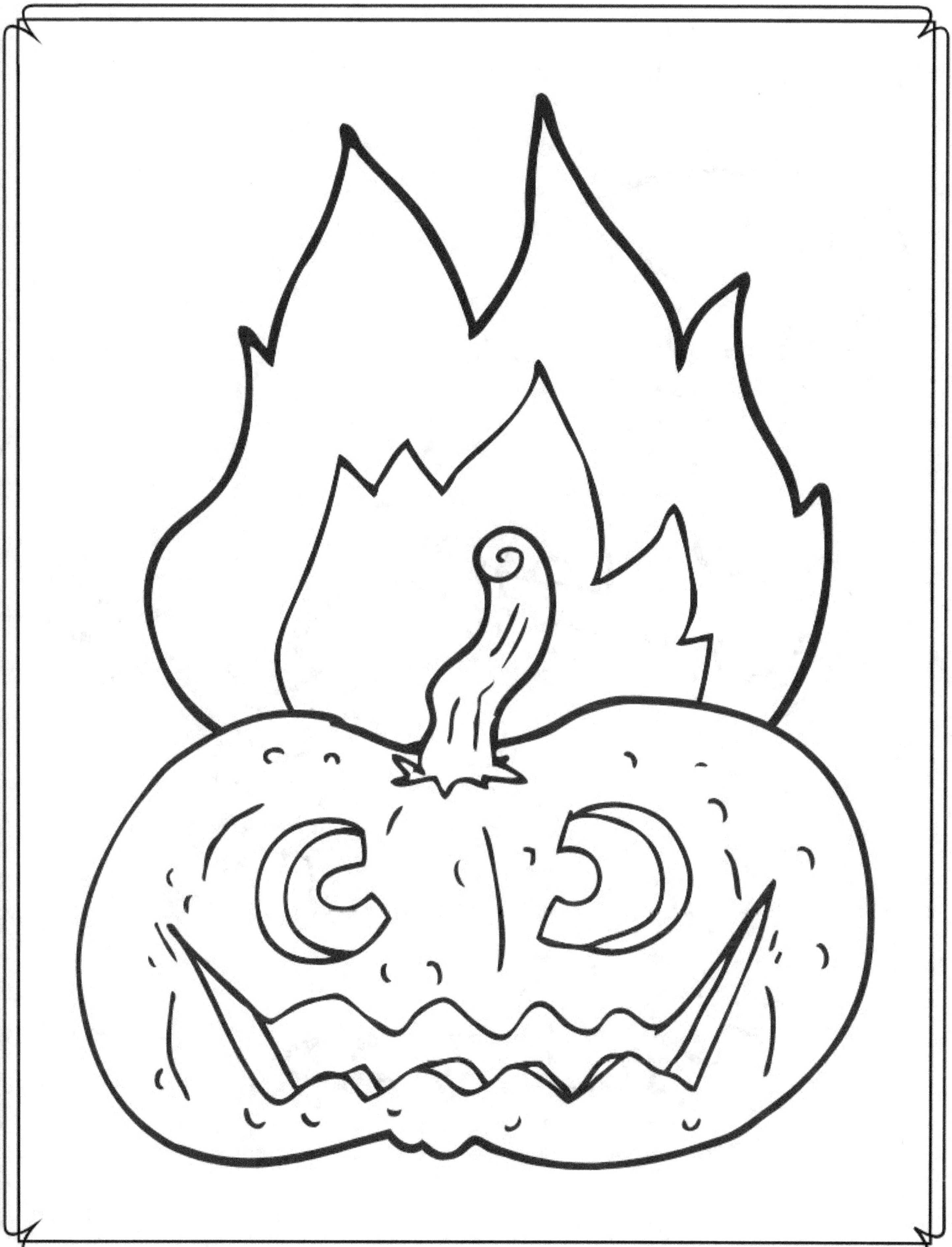

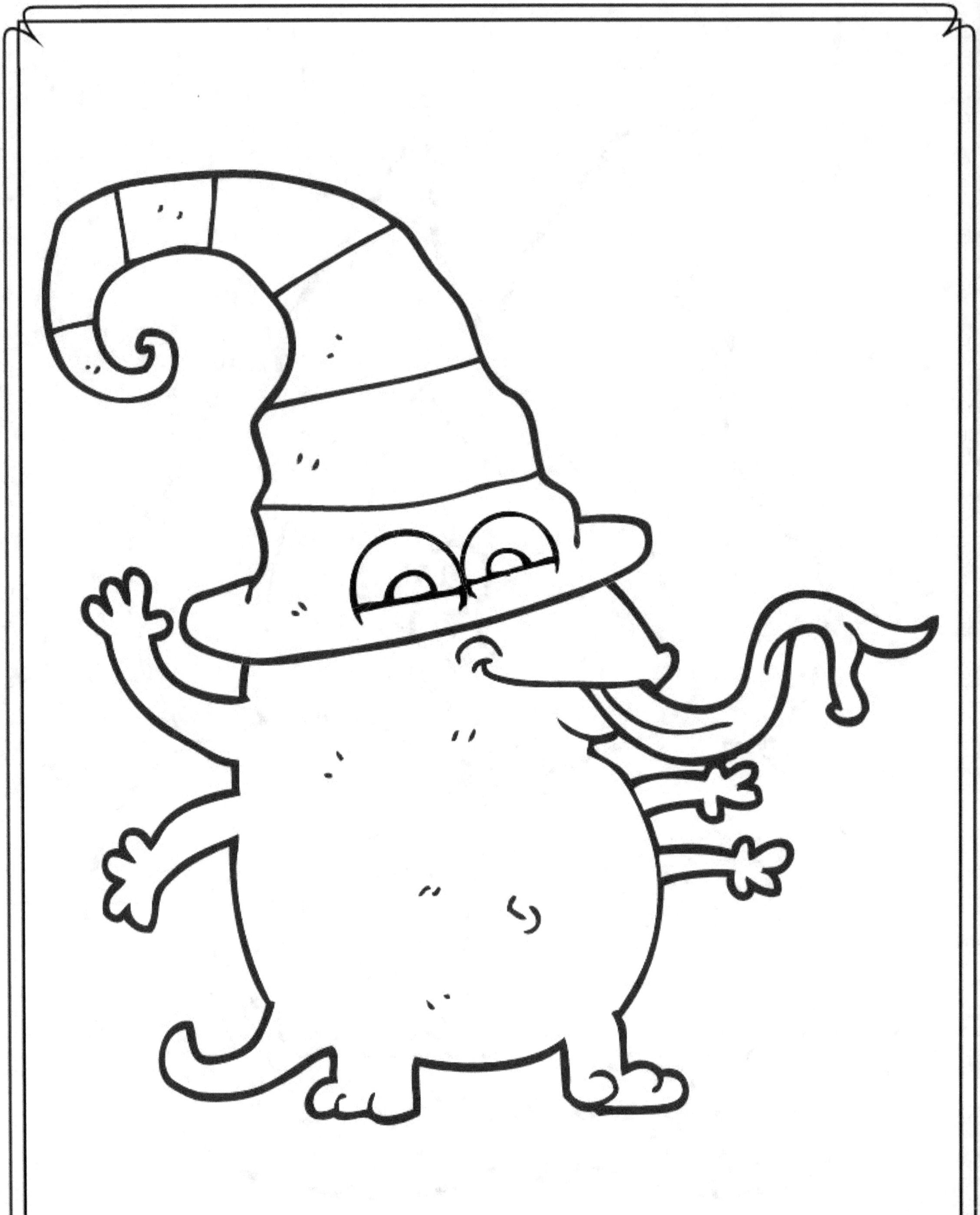

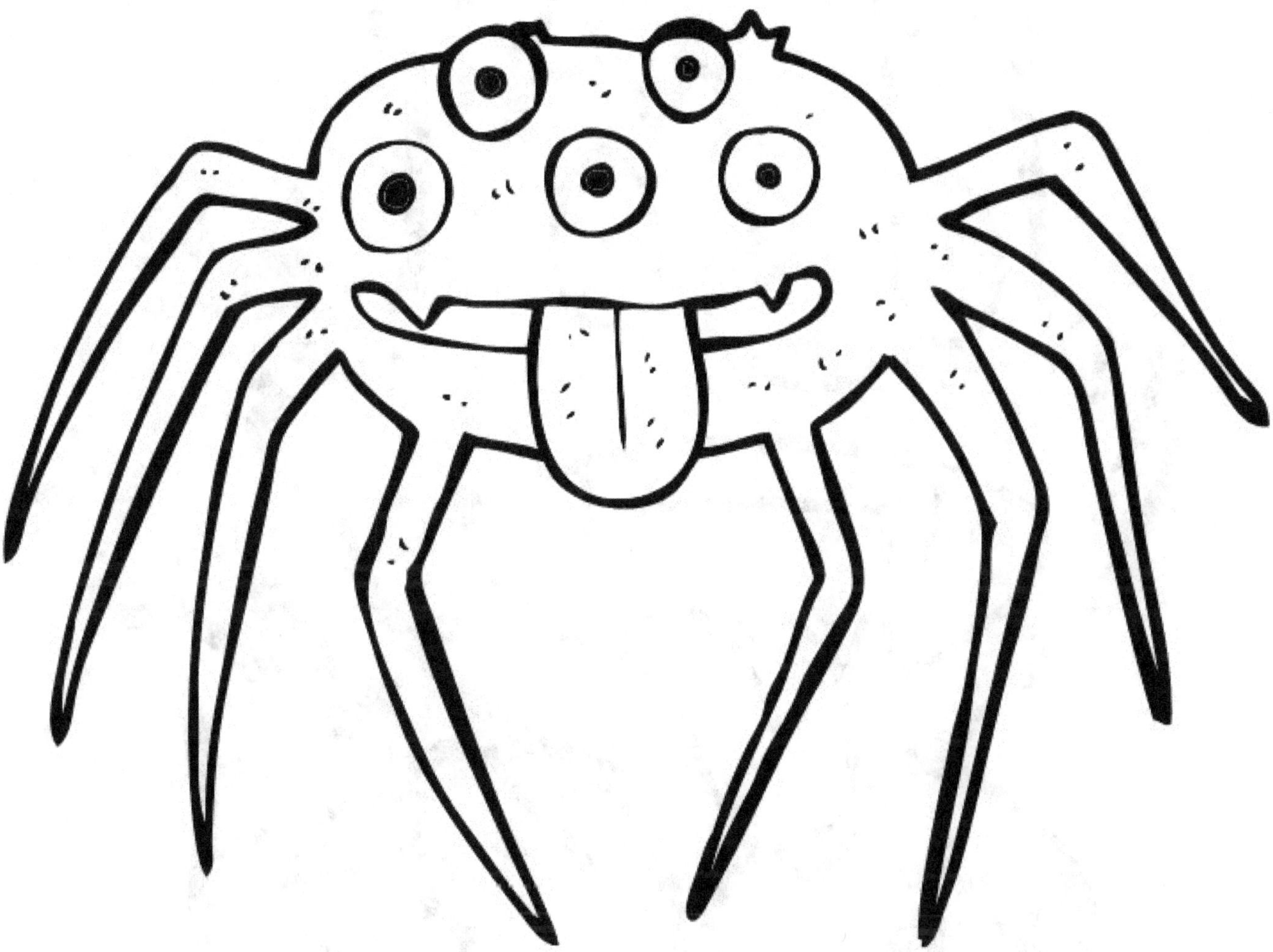

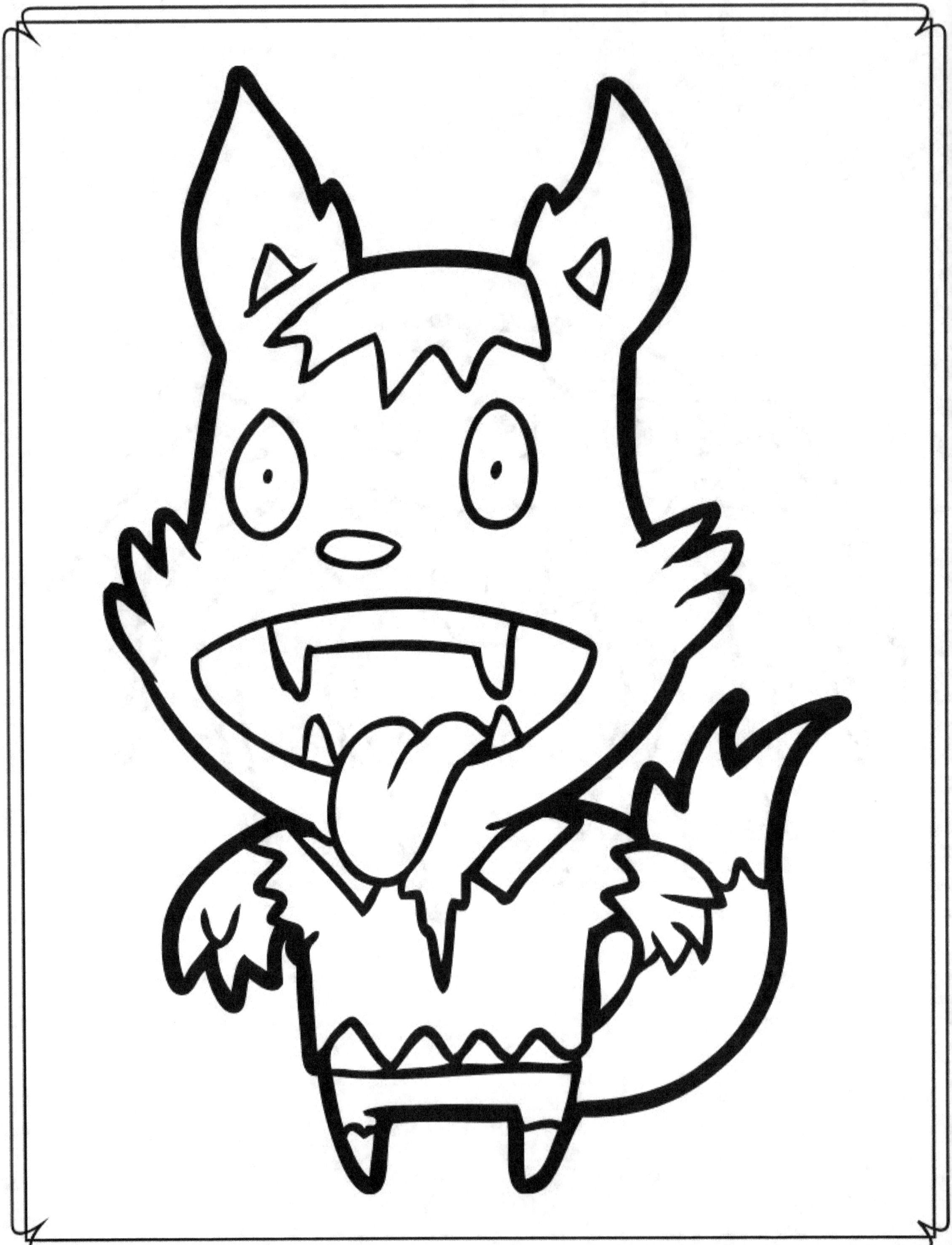

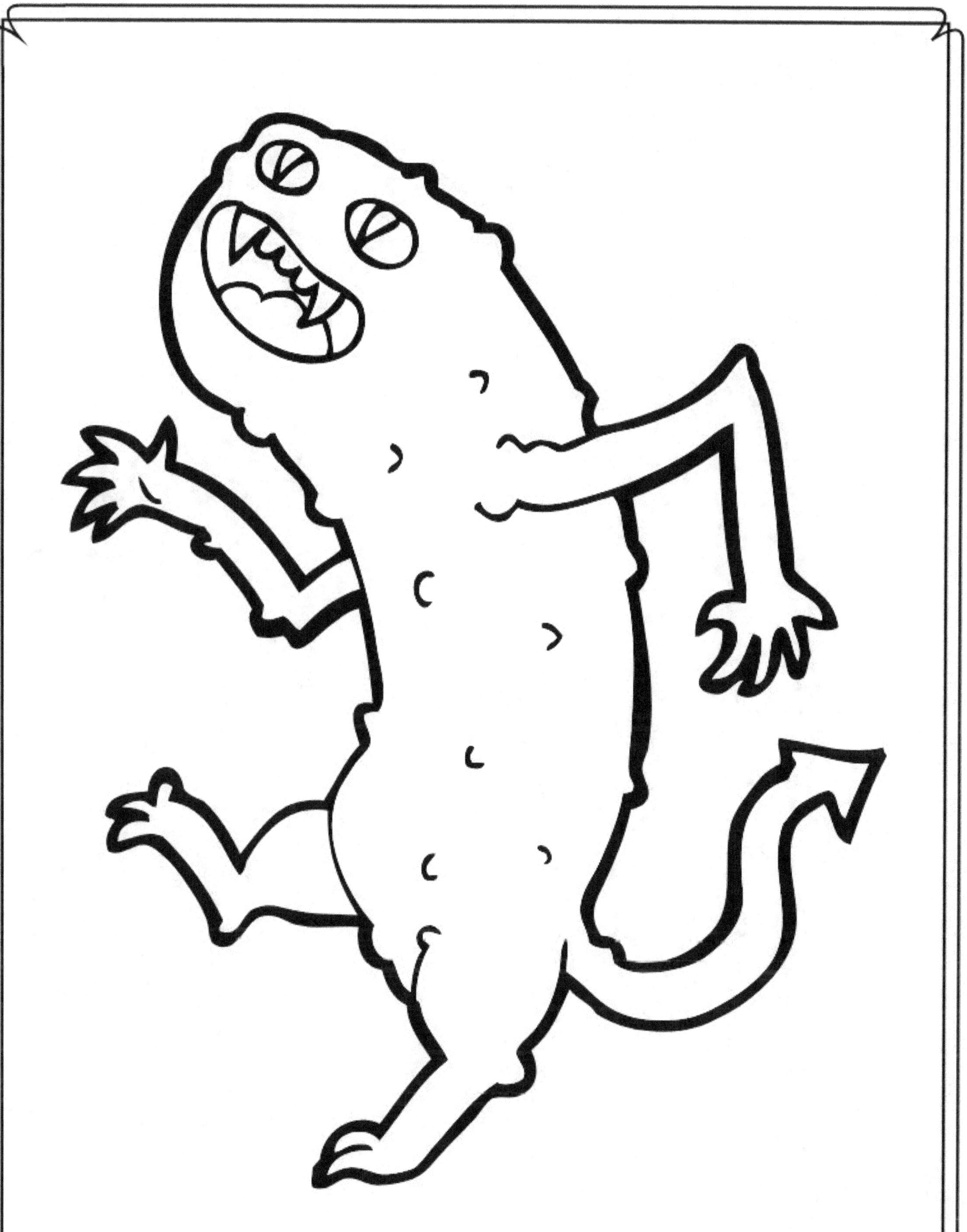

www.ingramcontent.com/pod-product-compliance
Lightning Source LLC
Chambersburg PA
CBHW081703220526
45466CB00009B/2859
* 9 7 8 1 6 9 6 0 9 1 0 2 2 *